Merci d'être qui tu es.
Tu es un Être merveilleux !

ÉDITIONS PAIX POUR TOUS
Lucie Marcotte - auteur
www.luciemarcotte.com
info@luciemarcotte.com

Conception graphique et mise en page
Lucie Marcotte

Publié au Québec, 4ième trimestre 2013

Tous droits réservés pour tous les payx
© Copyright 2013 - Lucie Marcotte

ISBN et Dépôt légal
ISBN 978-2-924391-02-0
Dépôt légal - Bibliothèque et Archives nationale du Québec, 2013
Dépôt légal - Bibliothèque et Archives Canada, 2013

Catalogage avant publication de Bibliothèque et Archives nationales du Québec et Bibliothèque et Archives Canada

Marcotte, Lucie, 1958-

S'enraciner les deux pieds sur Terre : les cadeaux de Marie-Douce et Noah
Comprend un index.
ISBN 978-2-924391-02-0
1. Réalisation de soi. I. Titre.

BF637.S4M373 2013   158.1   C2013-942592-6

Remerciements

Merci à mes guides et à la puissance d'Amour qui m'accompagnent, m'aident, m'enseignent et me guérissent au fil de mon cheminement.

Merci, merci et merci.

À tous les enfants...
Pour que les enfants puissent être ce qu'ils sont
Pour que l'Amour et la lumière rayonnent de tout leur Être
Pour que la Paix soit une façon d'être et de vivre
Pour que la Joie accompagne leur chemin

Lucie Marcotte

S'enraciner les deux pieds sur Terre

Les cadeaux de Marie-Douce et Noah

ÉDITIONS PAIX POUR TOUS

Préambule

Marie-Douce et Noah rencontrent un grand sage.
Il leur enseigne plus de 165 exercices concrets
pour s'enraciner les deux pieds sur Terre, se centrer dans le coeur,
s'aligner avec leur véritable identité spirituelle et la Vie.

« ...Tu as un don pour te créer
de belles journées à tous les jours !... »

S'enraciner les deux pieds sur Terre. Marie-Douce et Noah font la rencontre d'un grand sage dans un environnement magnifique. Il leur enseigne avec délicatesse et générosité, à être à l'écoute de leur propre sagesse intérieure et des messages de la vie autour d'eux, à respirer, et à centrer leur attention dans l'instant présent. Il leur propose des centaines d'exercices pour s'enraciner, se centrer, s'aligner et ressentir un contact joyeux avec la nature.

Dans ce conte, vous trouverez 165 exercices pour s'enraciner les deux pieds sur Terre, se centrer dans le coeur, s'aligner avec sa véritable identité spirituelle et la Vie. Ce sont des outils pour être bien avec soi-même, accueillir la conscience sage de notre corps, vivre l'instant présent, favoriser un état propice à l'apprentissage, une meilleure capacité d'attention et de concentration, un état d'équilibre et unité intérieure, la confiance et estime de soi, plus de stabilité émotionnelle et solidité intérieure, la cohérence des pensées, paroles et actions, plus de paix, calme, apaisement du mental, douceur... et le secret de Marie-Douce pour se créer de belles journées à tous les jours !

Dans certains partages de Marie-Douce, Noah et du grand sage, l'Amour est parfois nommé. Comme l'expérience de l'amour sur la Terre a de nombreux visages, Alex et le grand sage utilisent l'expression Amour-lumière pour nommer à leur façon l'amour inconditionnel (neutre, au point zéro, pur et libre) et la lumière du coeur. Si cette expression est inconfortable pour vous, sentez-vous à l'aise d'accueillir la guidance de votre coeur pour vous proposer un mot ou une expression qui vous convient et qui a la même résonance.

Je vous souhaite une merveilleuse lecture et un alignement vers la réussite de votre plus belle création : vous-même et votre vie !

Table des matières

Préambule 7

Chapitre 1 - Marie-Douce et Noah se donnent rendez-vous 17

Chapitre 2 - La rencontre du grand sage 23

Chapitre 3 - L'enracinement, le centrage, l'alignement 31

Chapitre 4 - Le cahier de Noah 37

Chapitre 5 - Des exercices pour s'enraciner, se centrer, s'aligner 41
    Exercice des trois soleils 42
    Méditation - visualisation de l'arbre 44
    Méditation d'harmonisation avec les arbres 47

Chapitre 6 - Respiration et cohérence cardiaque 51
    Exercice pour favoriser l'état de cohérence cardiaque 56
    Étape no.1 - Améliorer la communication entre ton coeur et ton cerveau 58
    Étape no.2 - Équilibrer les émotions et libérer les blocages émotionnels 62
    Étape no.3 - Être à l'écoute de ton coeur et amplifier l'Amour-lumière à l'infini 65

Chapitre 7 - Encore d'autres exercices 69
    Respiration qui favorise l'enracinement, le centrage et l'alignement 70
    Affirmations d'enracinement, centrage et alignement 73
    Affirmations de reconnaissance, estime et confiance en soi... et en la vie! ... 75
    L'éveil de la vie 77

Chapitre 8 - Des huiles essentielles qui favorisent l'enracinement 81
    le centrage et l'alignement, la sécurité intérieure,
    la confiance et l'estime de soi sur Terre
    Consignes d'utilisation des huiles essentielles 91
    Précautions et consignes de sécurité avec les huiles essentielles 92
    Formule « Enfant indigo 2 » 93
    Formule « Enracinement et sécurité sur Terre » 94
    Formule « Enracinement et confiance en soi » 94
    Formule « Enracinement, calme et paix avec soi » 95
    Formule « Enracinement, centrage, alignement pour l'apprentissage » 95
    Formule « Enracinement et équilibre puissance et douceur » 96

Chapitre 9 - Des exercices physiques 99
EXERCICE DE PRÉPARATION
1. Respiration consciente 103

EXERCICES DE ROTATION
Rotation - debout
2. Rotation de la tête 104
3. Rotation des épaules - Avant-arrière 104
4. Rotation des épaules - Côté 104
5. Rotation des bras 104
6. Rotation des bras - Unité 105
7. Rotation des bras - Expansion 105
8. Rotationn des bras - Torsion 105
9. Rotation des bras - Territoire 105
10. Rotation des bras - Diagoale 106
11. Rotation des poignets et des mains 106
12. Rotation du tronc 106
13. Rotation du bassin 106
14. Rotation des jambes 106
15. Rotation des genoux 107
16. Rotation des chevilles et pieds 107

Rotation - couché
17. Ouverture du cou 107
18. Ouverture des bras 107
19. Ouverture des épaules 108
20. Rotation du bassin 108
21. Ouverture des jambes 108

EXERCICES D'ÉTIREMENT
Étirement - debout
22. Étirement initial 109
23. Arc 109
24. Pointeur d'étoiles 109
25. Réveil 109
26. Homme fort 110
27. Victoire 110
28. Étau 110
29. **Salutation** 110
30. **Porteur de joie** 110
31. **Horloge grand-père** 111
32. **Vue d'ensemble** 111
33. **Grandir avec une base solide** 111
34. **En équilibre plus près du ciel** 112

Table des matières

Étirement - debout (suite)
35. Je suis grand, je suis petit..112
36. Applaudissements...112
37. Grand comme ça!..112
38. Grande ligne..112
39. Embrasser le ciel...112
40. C'est beau en haut...113
41. Papillon...113
42. Cadeau caché..113
43. Moyenne...113
44. Laveuse...114
45. Le chemin...114
46. Force dans le bas du corps...114

Étirement - assis
47. Relaxe..114
48. Bain d'énergie...114
49. Massage du bras..115
50. Ondulation...115
51. Éventail...115
52. Retour du sage...115
53. Cadeau caché assis..115
54. Prendre une pause..116
55. Massage des reins...116
56. Cocon assis..116
57. De la tête aux pieds..116
58. De la tête aux pieds - 1 jambe...116
59. Rameur...117

Étirement - couché
60. Coucou..117
61. Cocon..117
62. Tunnel...117
63. Lève-fesses..117
64. Torsion - tête..118
65. Torsion - une jambe pliée...118
66. Torsion - une jambe droite...118
67. Torsion - deux jambes légèrement pliés......................................118
68. Torsion - deux jambes pliées sur le.corps...................................118
69. Torsion - deux jambes droites..119
70. Ressort...119
71. Étirement couché..119
72. Flex-pointe..119
73. Curieux...119
74. Exercices intestinaux / abdominaux..120

Étirement - couché (suite)
- 75. Vélo 120
- 76. Berceau 121
- 77. Poisson 121

Étirement - sur le ventre
- 78. Cobra 121
- 79. Superman 121

EXERCICES ENRACINEMENT, CENTRAGE ET ALIGNEMENT
Enracinement, centrage, alignement - debout
- 80. Les trois soleils 122
- 81. Méditation-visualisation de l'arbre 122
- 82. Méditation d'harmonisation avec les arbres 122
- 83. Trois circuits 122
- 84. Autoroute d'énergie 122
- 85. Mouvements infini ∞ 123
- 86. Points d'équilibre 124
- 87. Appui du corps 124
- 88. Position d'équilibre 124
- 89. Prière 124
- 90. Support 125
- 91. Libération de l'énergie stagnante 125
- 92. Marche lente et consciente 125
- 93. Marche du Sumo 125
- 94. Câlin à un arbre 125
- 95. Alignement ciel-coeur-terre 126
- 96. Poussée vers le ciel 126
- 97. Ancrage ciel-terre 126
- 98. Relais 126
- 99. Les pieds sur terre 127
- 100. L'attention sur terre 127
- 101. Du ciel à la terre 127
- 102. Face à face des mains 128
- 103. Souffle du tigre 128
- 104. Mouvements croisés 128
- 105. Série respiration 129
- 106. Série équilibre 129
- 107. Série étirement-enracinement 129
- 108. Série attention sur terre 130
- 109. Série pouvoir personnel 130
- 110. Série expression de soi 131
- 111. Massage des oreilles 132
- 112. Acuité auditive 132

Table des matières

Enracinement, centrage, alignement - assis
113. Je me centre, je donne et je reçois..................132
114. Méditation coeur-cerveau..................132
115. Je refais le plein d'énergie..................133

Enracinement, centrage, alignement - couché
116. Nouveau-né..................133
117. Ouverture à la vie sur terre..................133
118. Accueil de la vie sur Terre..................134
119. Équerre..................134
120. Roulement d'unification..................134

EXERCICES DE TAPOTEMENT
Tapotement - debout
121. Tapotement du haut du corps..................135
122. Tapotement du bas du corps..................135
123. Tapotement des épaules, aisselles, bras, mains, doigts..................135
124. Tapotement des hanches, fesses, ambes, genoux, chevilles, pieds, orteils..................135
125. Tapotement de la tête, du cou, de la peau du visage, des yeux, oreilles, nez, bouche..................136
126. Tapotement plus profond avec les poings sur le haut du corps..................136
127. Tapotement plus profond avec les poings sur le bas du corps..................136
128. Balayage du corps entier..................137

Tapotement - assis
129. Tapotement des pieds..................137
130. Tapotement de la plante des pieds..................137
131. Tapotement du point de courage..................138

EXERCICES DE VIBRATIONS
132. Vibration - debout..................138
133. Vibration - couché..................138

EXERCICES DE RELAXATION ET VITALITÉ
134. Pause mouvement..................139
135. Chien heureux..................139
136. Repos du mental..................139
137. Balancier..................140
138. Pont de vitalité..................140
139. Chat..................140
140. Marmotte..................140
141. Peigne..................140
142. Relâcher la pression..................141
143. Libération des toxines..................141
144. Libération des toxines mentales..................141

EXERCICES DE RELAXATION ET VITALITÉ (suite)
- 145. Points d'énergie 142
- 146. Train ou cercle de massage 142
- 147. Libération de l'énergie stagnante 143
- 148. Festival de danse du visage 143
- 149. Affirmation positive 143
- 150. Détente 143

Chapitre 10 - Créer le monde dans lequel je veux vivre 147
en étant bien enraciné, centré et aligné
- Co-créer la Terre nouvelle 149
- Rayonner l'énergie de la vie 151

Carte mentale - Résumé des outils pour 157
s'enraciner les deux pieds sur Terre
se centrer dans le coeur
s'aligner avec sa véritable identité spirituelle,
la mère-Terre et le père-Ciel

Références 159

Table des matières

Chapitre 1

Marie-Douce et Noah se donnent rendez-vous

Marie-Douce parlait au téléphone avec son ami Noah. Elle était assise confortablement sur son coussin rouge déposé par terre, dans un petit espace de sa chambre qu'elle avait choisis pour son intimité. Elle y avait déposé un magnifique bouquet de petites fleurs jaunes, rouges, lilas et blanches qu'elle arrosait occasionnellement d'une brume d'huile essentielle de lavande.

À côté d'elle, une boite de carton rigide recouverte d'un papier aux couleurs du printemps lui servait de petite table. Elle avait délicatement découpé une petite ouverture sur le devant de la boîte, taillée sur trois côtés, le quatrième côté étant plié et faisant office de charnière. Une petite rangée de perles soigneusement collées autour d'un coquillage servait de poignée. Au pied de la porte, un toutou roudoudou semblait s'y reposer. Avec vigilance, il surveillait les allées et venues autour de cet endroit paisible et précieux pour Marie-Douce.

Trois belles plantes vertes aux feuillages épanouis créaient une zone tampon entre la fenêtre et ce petit coffre au trésor. Marie-Douce venait s'y asseoir régulièrement. C'était un espace magique où elle prenait le temps de respirer, d'apprivoiser le silence et d'écouter la voix de son cœur.

Occasionnellement, comme ce matin, elle s'installait sur son coussin rouge pour parler à son ami Noah, qu'elle connaissait depuis son arrivée dans le quartier.

Noah était né dans un autre pays. Il était un tantinet timide, ou plutôt réservé. Il était doué pour les arts, les mathématiques, le chant, la littérature, le bricolage et l'amitié du cœur. Il aimait se promener pieds nus par terre et entretenait une relation intime avec la nature. Souvent il partait seul pour faire une petite balade dans la nature et quand il le pouvait, il s'assoyait au pied du grand chêne, au sommet de la colline.

Cet arbre était pour lui un ancêtre, un des sages enseignants de la nature. Parfois, il s'y reposait et s'endormait à ses pieds. D'autres fois, il venait y écouter le chant des oiseaux, le souffle du vent, le silence et la voix sage du grand chêne qui l'accompagnait vers la voix de son cœur. Avec beaucoup de simplicité, cette voix le guidait vers ce qui était bien et bon pour lui.

Ce matin là, Noah s'était levé avec l'idée de partager cette journée splendide avec son amie Marie-Douce.

- Bonjour Marie-Douce, c'est Noah. Comment vas-tu ce matin ?

- Bonjour Noah ! Quel plaisir d'entendre ta voix ! Je me sens très bien et j'avais envie de me créer une belle journée aujourd'hui.

- Ah ah ah ! s'exclama Noah en riant ! Tu as un don pour te créer de belles journées à tous les jours !

- Noah, est-ce que je peux te partager un petit secret personnel ?

- Oui bien sûr.

- Eh bien, sur le miroir de ma chambre, j'ai dessiné un bonhomme sourire avec de la gouache rouge. Et à tous les matins, je me regarde en face de lui et je souris jusqu'à ce que mon visage lui ressemble. Ensuite je lis à voix haute le petit texte que j'ai collé en dessous.

- C'est amusant ! Marie-Douce tu es vraiment unique ! Et qu'est-ce qui est écrit sur ton petit texte ?

Chapitre 1 - Marie-Douce et Noah se donnent rendez-vous

- C'est un petit texte positif que j'ai reçu sur une carte postale de ma tante Gabrielle. Elle me l'a envoyé lors de ces dernières vacances au bord de la mer. Je te lis ces belles pensées maintenant :

- C'est génial Marie-Douce! Et en t'écoutant, je sentais mon cœur qui pétillait de joie. C'est ce que moi je ressens quand j'apprends quelque chose qui est simple, efficace et qui éveille de la gratitude dans mon cœur !

- Merci Noah.

- Quel bon début de journée ! Marie-Douce, en t'appelant ce matin, j'avais quelque chose à te proposer. Est-ce que tu aurais envie d'une balade en nature avec moi aujourd'hui ?

- Oui ce serait agréable. Et où voudrais-tu aller ?

- J'aimerais aller au sommet de la colline. Il y a un vieil ami qui habite là et que j'aimerais te présenter.

- Ah ! Je ne savais pas que quelqu'un habitait là-haut ? Comment s'appelle-t-il ?

- Si tu viens à sa rencontre, il pourra se présenter lui-même. C'est comme ça que je l'ai connu.

- Alors c'est oui Noah. Mon cœur vibre et je le sens tout chaud. Pour moi, cela veut dire que la rencontre de ton ami sera douce et bienveillante pour moi.

- Super ! Je suis content !

Et ils continuèrent leur conversation pour organiser leur balade en nature et se créer une merveilleuse journée.

Chapitre 2
La rencontre du grand sage

Noah était arrivé chez Marie-Douce à vélo. Il habitait à quelques pâtés de maisons et cette petite escapade à vélo le faisait sourire à chaque fois. Il aimait bien se dégourdir les jambes et respirer l'air frais du matin lorsque l'herbe est encore gonflée de rosée.

Marie-Douce était prête et son vélo était près de l'entrée. Elle enfila son sac à dos, fit un câlin à son chat et sortit de la maison en sautillant. Si elle avait eu des ailes, elle se serait sûrement envolée. Elle dit bonjour de la main à ses parents qui la regardaient derrière la fenêtre du salon, pendant que Pouf, son gros chien Saint-Bernard, se dandinait en hochant la tête pour lui souhaiter une bonne journée, à sa manière.

En moins de deux, Marie-Douce et Noah étaient en route vers le Sentier des Soleils, dans le parc municipal. Ce sentier était un petit paradis pour les amis de la nature. En passant par de multiples méandres longeant le lit de la Rivière Blanche, il conduisait à l'entrée de la réserve nationale des Collines Dorées. La colline la plus élevée s'appelait la Colline de la Paix. C'est là que Noah amenait Marie-Douce.

Le soleil s'élevait de plus en plus dans le ciel et la fraicheur matinale cédait doucement la place à une brise de chaleur enveloppante et réconfortante. Dame Nature semblait s'être revêtue de ses vêtements de célébration. Les parfums de la Terre, des arbres en fleurs et l'air pur voguaient ensemble au fil du vent, embaumant de leurs fines délicatesses ces lieux de liberté. Des oiseaux de toutes les couleurs volaient de branche en branche, en chantant leurs partitions de l'hymne à la vie. La flore verdoyante donnait à la forêt des teintes d'émeraude déployées au cœur d'une gamme de verts tendres allant jusqu'au vert soutenu des conifères.

Marie-Douce et Noah s'arrêtèrent quelques instants près d'une halte et ils déposèrent leurs vélos sur le support installé au bout de la piste cyclable. Ils étaient arrivés au pied de la Colline de la Paix. Le sentier piétonnier menant au sommet était plus étroit et serpentait sous le couvert des branches d'arbres avec quelques éclaircies de plein soleil. La marche vers le sommet était douce au début puis devenait plus athlétique pour escalader les escarpements menant à la halte de la Paix. Le point de vue y était fabuleux.

Sans mots, Marie-Douce et Noah respiraient profondément pour faire le plein d'énergie en s'émerveillant de la beauté du paysage s'étendant sous leurs yeux. Ils pouvaient voir la vallée inondée d'arbres en fleurs qui traversait comme un immense sentier, le parc des Collines Dorées. Le reflet du soleil sur l'eau de la Rivière Blanche miroitait comme un ruban d'étoiles dorées dansant dans la vallée. Le ciel d'un bleu pur ressemblait à une toile de fond sur lequel la nature avait créé un petit coin de paradis.

Ils étaient seuls, avec la plénitude du moment présent. Marie-Douce avait déposé son sac à dos pour s'allonger sur un immense rocher. Elle regardait le ciel d'un regard détendu et presque flou. Noah s'était assis dans un petit creux de terrain, comme s'il se réfugiait partiellement dans un fauteuil façonné par Dame Nature. Il but une grande gorgée d'eau, puis délicatement, il proposa à Marie-Douce de continuer leur route.

- Ah ! nous devons aller encore plus haut ?

- Oui, ici c'est le point d'observation de la Colline de la Paix. Mon ami habite vraiment au sommet.

- Par où allons-nous passer ? Nous sommes rendus au bout du sentier pédestre.

- Viens, il y a un tout petit sentier très discret qui est camouflé derrière le

Chapitre 2 - La rencontre du grand sage

triangle de ces trois grands arbres là-bas. Les vois-tu ? dit-il en montrant de la main un immense mélèze, un bouleau blanc aux feuilles vert tendre, et un sapin vert majestueux.

Marie-Douce prit à son tour une grande gorgée d'eau et reprit son sac à dos. Elle suivait Noah qui visiblement connaissait bien le chemin vers cette petite piste secrète.

Les premiers pas dans ce mini sentier donnaient l'impression de traverser une porte vers un autre monde. La densité de la forêt était différente et plusieurs petits animaux venaient les taquiner, le temps d'un instant, comme pour dire bonjour et se présenter. En se redressant le corps droit et la tête haute, l'écureuil fit rouler sa queue en panache. Les petits tamias couraient autour d'eux, un hérisson osa se montrer le bout d'un nez en sortant de sa cachette, et un petit lapin traversa la piste à toute vitesse, s'arrêta net et fit volte-face pour avancer devant eux comme un éclaireur. À chaque pas, le chant des oiseaux semblait s'amplifier comme pour annoncer au mystérieux ami l'arrivée de Marie-Douce et Noah.

Au détour d'un îlot de grands sapins, Marie-Douce poussa un cri d'exclamation devant le spectacle grandiose qui s'offrait maintenant à elle. Elle était sans mots, totalement émerveillée de ce paysage à 360° qui se déployait devant elle à perte de vue.

Noah se contentait de sourire, heureux, le cœur léger et spectateur amusé de la réaction spontanée de Marie-Douce. Elle tournait sur elle-même comme une toupie, comme pour voir l'entièreté du paysage en un clin d'œil.

Après quelques minutes de « Ah ! » « Oh ! » « Wow ! » et de « Superbe ! » « De toute beauté ! » « Merci ! », etc., Noah osa doucement contribuer à son moment d'exubérance en l'invitant à l'accompagner un peu plus loin.

Marie-Douce, sourire déployé et regard pétillant, accouru vers Noah qui la regardait en riant.

- Viens, dit-il, je vais te présenter à mon ami.

- Mais je ne vois personne, répondit Marie-Douce.

- Viens, ferme les yeux un instant et prends trois grandes respirations...

Inspire par la bouche... Expire par le nez... Garde ton attention dans ton cœur et continue de respirer doucement, calmement... Tu peux maintenant ouvrir les yeux.

- C'est bon Noah, je suis plus calme maintenant.

- Alors, suis-moi.

Noah enjamba un tronc d'arbre jonché sur le sol, qui lui servait de banc d'observation et de refuge pour plusieurs petits animaux. Il traversa ensuite un petit chemin naturel entre une série de grands pins et sapins verts, puis il passa entre deux énormes rochers qui semblaient être les gardiens d'un lieu sacré. De l'autre côté des rochers, il y avait une mini clairière abondamment fleurie et entourée d'une ceinture de conifères qui agissaient comme une clôture protectrice et bienveillante pour ce lieu vraiment spécial.

Au fond de la mini clairière, un immense chêne probablement plus d'une fois centenaire se tenait debout bien droit. Ses branches largement épanouies et équilibrées semblaient ouvrir leurs mains pour recevoir l'abondance de la vie. Son tronc, sculpté par les années, était large, solide et généreux. À sa base, de puissantes racines traçaient leurs sillons sur toute la périphérie, avant de plonger dans le sol pour aller se nourrir et s'ancrer solidement à la mère Terre.

Noah s'approcha de son vieil ami. Avec beaucoup de respect et de délicatesse, il lui présenta Marie-Douce. La branche qui était au-dessus de la tête de Marie-Douce se mit à frétiller. Le mouvement de vibration des feuilles vint lui chatouiller le front et le bout du nez. Marie-Douce éclata de rire et à son tour, par sa vibration pétillante, elle s'approcha du vieux chêne pour lui faire un câlin.

Au pied du chêne, le temps avait creusé un espace confortable pour s'asseoir et se reposer.

- C'est ici que je viens quand j'ai besoin de m'apaiser profondément, dit Noah.

- Toi ! Mais tu es toujours paisible !

- Je le suis de plus en plus et mon ami le chêne m'a beaucoup enseigné.

- Ah oui ?

Chapitre 2 - La rencontre du grand sage

- Quand je suis arrivé ici pour la première fois, je me sentais un peu perdu, déraciné de mon pays d'origine. J'avais de la difficulté à me concentrer, à être attentif, à apprendre et à me sentir bien et en paix avec moi-même.

- Et qu'est-ce qui s'est passé ?

- J'ai d'abord découvert cet endroit dans un rêve. Mon ami le chêne me parlait et au fil des nuits, c'est lui qui m'a guidé vers le passage pour venir ici.

- Tu parles du petit sentier discret que nous avons emprunté depuis la halte d'observation ?

- Oui. Et aussi pour le petit chemin qui nous a ensuite amenés jusqu'ici.

- Et qu'est-ce qu'il t'a enseigné depuis que tu es arrivé ici ?

- En apprenant à écouter, découvrir et ressentir la sagesse de son cœur qui me parlait à sa façon, j'ai graduellement appris à écouter, découvrir et ressentir la sagesse de mon propre cœur. Au début, je venais m'asseoir et me reposer ici. Puis doucement, j'ai réalisé que je me déposais de plus en plus à l'intérieur de moi et que je me sentais un peu plus solide, un pas à la fois.

- Je suis témoin de ces bienfaits pour toi aujourd'hui.

- Oui. Il a continué à m'enseigner par les rêves et à m'enseigner par le silence en observant la vie et le mouvement de la vie en moi et autour de moi. Cet endroit est pour moi une école vivante.

- Et encore...

- Il m'a d'abord parlé de trois processus clés pour être bien dans sa peau et pour être soi, ici sur la Terre.

- Peux-tu m'en parler s'il te plaît ?

- Oui bien sûr.

Chapitre 3

L'enracinement, le centrage, l'alignement

Marie-Douce et Noah s'allongèrent tous les deux au pied du grand chêne. Un rayon de soleil traversait les branches du vieil ami et les enveloppait d'une douce chaleur bienfaisante. Un espace de silence s'installa spontanément. Puis au son du frémissement des feuilles du grand chêne, Noah reprit la parole.

- Les trois processus clés pour être bien dans sa peau et pour être soi, ici sur la Terre sont l'enracinement les deux pieds sur Terre, le centrage dans le cœur et l'alignement avec ton essence spirituelle et la Vie.

- Est-ce que tu peux m'expliquer ce que ces processus signifient ?

- Oui Marie-Douce. Je vais commencer par les définir.

L'enracinement est le processus qui permet d'accueillir la mère Terre et ton expérience de vie sur la Terre. C'est l'étape qui favorise le développement d'une fondation solide pour ta personnalité et des structures de vie nourrissantes. Regarde notre ami le grand chêne : grâce à ses puissantes racines, il peut rester bien droit et se nourrir sainement.

L'enracinement te permet aussi d'apprendre à connaître et habiter ton corps, et te déposer sereinement les deux pieds sur Terre.

Le **centrage** est le processus par lequel tu amènes ton attention dans ton cœur pour accueillir l'Amour, la lumière et la sagesse qui y sont présents. C'est l'étape qui te permet de laisser l'Amour-lumière être le chef d'orchestre de ta vie pour être qui Tu Es vraiment. Notre ami le grand chêne est un grand chêne parce que c'est ce qu'il est. Il n'essaie pas d'être une rose, un bouleau ou quoi que ce soit d'autre. Il est bien centré et en harmonie avec son cœur de chêne.

L'**alignement** est le processus par lequel tu choisis d'être en harmonie avec ton essence spirituelle, avec la Vie qui est en toi et la Vie qui habite la mère Terre et le père Ciel. Cela te permet de vivre dans un état cohérent et intègre avec toi-même. Lorsque tu es bien aligné, l'Amour-lumière peut s'exprimer librement dans ta vie. Regarde notre ami le grand chêne : grâce à son alignement avec le père Ciel et la mère Terre, il peut recevoir les éléments nutritifs, l'eau, la lumière, la chaleur et l'oxygène dont il a besoin pour s'épanouir, grandir, fleurir, créer des fruits et contribuer à la Vie en lui offrant d'autres semences. Il se réalise dans cette expérience de ce qu'il est.

- C'est très intéressant Noah. Est-ce que tu peux me donner d'autres exemples concrets ?

- Oui bien sûr. Je continue. Lorsque tu es bien enracinée les deux pieds sur Terre, centrée dans ton cœur et alignée avec ton essence spirituelle et la Vie, tu peux découvrir tes trésors intérieurs, développer tes dons, forces et talents, et explorer des façons de les utiliser pour créer les expériences et le monde dans lequel tu veux vivre.

Lorsque tu es bien enracinée, centrée et alignée, tu es dans un état propice pour faire grandir ta confiance, estime et reconnaissance de Soi. Tu peux alors apprendre et t'épanouir avec bienveillance et douceur envers toi-même, peu importe ce qui se passe autour de toi.

Si tu n'es pas bien enracinée, centrée et alignée, il est possible que tu ressentes de la confusion entre ce que tu es vraiment et les étiquettes qui sont utilisées pour décrire ton comportement. Tu pourrais même te sentir incomprise, frustrée, en état de déséquilibre et mal dans ton corps. Tu pourrais aussi ressentir un manque de reconnaissance, confiance, estime et respect de soi, et avoir de la difficulté à assumer ta puissance personnelle sagement.

Quand tu n'es pas bien enracinée, centrée et alignée, les hémisphères de ton cerveau et la communication entre ton cœur, ton cerveau et ton corps peuvent être désynchronisés. Si cela se produit, tu pourrais expérimenter des difficultés d'attention, de concentration, d'apprentissage ou de comportement, l'hyperactivité, la dyslexie, le stress, un état de conflit entre ce que ton cœur veut pour toi et ce que ta tête voudrait pour d'autres raisons. Si le déséquilibre est plus prononcé, tu pourrais même expérimenter l'autisme, la bipolarité, l'épilepsie, la schizophrénie, la violence, l'autodestruction, le refus de la vie, etc.

L'enracinement les deux pieds sur Terre, le centrage dans le cœur et l'alignement avec la Vie sont trois processus qui font partie des clés pour ramener l'harmonie dans ces expériences de déséquilibre.

- Merci, je comprends mieux maintenant. Est-ce que le grand chêne t'a aussi parlé de l'impact que cela peut avoir sur nos relations avec les autres ?

- Oui Marie-Douce. Il m'a expliqué que lorsqu'une personne n'est pas bien enracinée, centrée et alignée, elle peut chercher des façons de recevoir de l'amour et de l'énergie des autres personnes. La plupart du temps, cela se fait inconsciemment parce que toutes les personnes ont besoin d'énergie et d'amour pour vivre. Cette compétition pour l'énergie est présente dans les luttes de pouvoir, les scénarios avec des victimes, des agresseurs et des sauveurs, dans les expériences de peur et de contrôle, de violence, d'intimidation, de dépendances avec l'alcool, la drogue, les jeux compulsifs, la dépendance affective, etc.

- Y a-t-il quelque chose que je peux faire si un jour je rencontre une personne qui agit de cette façon envers moi ?

- Oui heureusement ! Si tu vis une situation qui ressemble à un scénario de compétition pour l'énergie et que tu as de la difficulté à être bien dans ta peau et bienveillante à propos de toi, des autres ou de la vie, trouve une personne en qui tu as confiance pour partager ton expérience et recevoir l'aide appropriée pour toi. Prends le temps de respirer, t'enraciner, te centrer et t'aligner avant d'agir ou de réagir. Cela te permettra de faire un pas pour reprendre ta puissance personnelle et choisir l'amour de toi-même plutôt que la peur des autres. En faisant cela, tu permets à ta puissance d'Amour-lumière de s'amplifier et de ramener l'harmonie et la paix en toi. Tu pourras ensuite demander à ton cœur de te guider vers les pensées, paroles, actions et silences justes, pour toi.

- Continue...

- Si tu te sens dans un état de déséquilibre et de vulnérabilité, même si tu as pris le temps de respirer, t'enraciner, te centrer et t'aligner, il est possible que d'autres exercices et ressources intérieures d'apaisement soient bénéfiques pour libérer les charges émotionnelles, croyances, virus de la pensée, mécanismes de sabotages, empreintes et autres sources de disharmonie reliées aux expériences que tu as vécues.

- Merci. C'est rassurant de savoir qu'il y a des outils et des voies de solutions pour les personnes qui vivent cela.

- Oui il y en a et elles ont toutes un point en commun : l'Amour. Lorsque l'Amour-lumière que tu as pour toi vient de ton cœur et que tu le laisses s'amplifier à l'infini, tu deviens comme un soleil sur deux pattes ! C'est une image pour décrire la transformation qui vient de la guérison intérieure. Et lorsque tu es comme un grand soleil bien enraciné, centré et aligné, alors la noirceur ne peut plus venir jusqu'à toi, soit parce qu'elle est aveuglée par autant de lumière ou parce qu'elle fond et se transmute comme la glace au soleil.

- Wow ! Cette image est magnifique Noah !

- C'est ce que j'ai ressenti moi aussi lorsque le grand chêne me l'a inspirée, une journée où je m'étais endormi, ici, à ses pieds.

- Cela m'inspire confiance en l'avenir et l'avènement de la Paix sur la Terre. Quand je vois l'état de sérénité dans lequel tu es de plus en plus, je vois que la grande Paix commence par chacune des petites paix que nous faisons à l'intérieur de nous.

- Oui Marie-Douce. C'est cela que j'ai compris moi aussi avec les enseignements du grand chêne, et les exercices qu'il m'a proposés m'ont aidé à me sentir plus paisible et disponible pour vivre dans l'instant présent.

- Peux-tu me parler un peu de ces exercices ?

Chapitre 3 - L'enracinement, le centrage, l'alignement

- Oui ! répond Noah avec une voix enjouée, heureux de pouvoir partager ce qu'il avait appris. Oui Marie-Douce, il y a plusieurs exercices et accompagnements qui existent pour aider à ramener l'harmonie et la paix à l'intérieur de soi.

En plus des exercices d'enracinement, centrage et alignement, il y a des outils de libération et de maîtrise des émotions, des outils de communication bienveillante et non violente, des outils d'auto-guérison et de créativité, des exercices physiques, des ateliers de rire, des activités artistiques, des outils et activités musicales, des activités d'expression corporelle ou de danse, des activités de contact avec la nature, des activités où tu peux développer la reconnaissance, confiance et estime de toi, des projets dans lequel tu peux réaliser tes rêves et contribuer à ce qui est vraiment important pour toi, etc. Comme tu vois, il y a beaucoup de possibilités.

- Oui vraiment ! Je n'avais pas imaginé qu'il y en avait autant ! Comment choisir ?

- Dans un rêve où je m'étais posé la même question, mon vieil ami m'a proposé de demander à mon cœur de me guider vers les outils et activités appropriés pour moi et les bonnes personnes pour m'accompagner.

- Noah, est-ce que le grand chêne t'a proposé des exercices concrets pour t'enraciner, te centrer et t'aligner ?

- Oui et au fil du temps, il m'en a enseigné plusieurs et je les ai notés dans mon petit journal personnel.

- Est-ce que tu accepterais de les partager avec moi ?

- Oui Marie-Douce. Avec plaisir !

Chapitre 4

Le cahier de Noah

Noah ouvrit son sac à dos et en sortit un petit cahier jaune soleil bordé d'une ligne dorée. Il était légèrement rembourré, ce qui lui donnait l'allure d'un cahier de cuir souple et noble. Sur le dessus était imprimé en lettres bleu indigo bordé d'or, le titre « Cahier de Noah » et le sous-titre « Cadeaux de mon ami le grand chêne ». En arrière-plan, une image filigrane du grand chêne était dessinée. Sur l'épine du livre, il y avait une feuille de chêne et un rayon de lumière dorée. Sur la couverture arrière, la silhouette du grand chêne avec son tronc solide et bien droit, et ses branches et racines largement déployées, étaient dessinées à l'intérieur d'un gland de chêne, montrant ainsi tout le potentiel de vie déjà inscrit dans la semence.

Marie-Douce écarquilla les yeux, émerveillée devant ce cahier vraiment spécial et unique.

- Mais où donc as-tu trouvé ce petit chef-d'œuvre ? dit-elle en touchant délicatement la couverture du livre.

- C'est mon grand-père qui l'a créé et fabriqué.

- Il est vraiment magnifique.

- Oui et il est précieux pour moi. Mon grand-père a découvert l'art de la reliure à la bibliothèque de son village d'enfance. Depuis que ses mains se sont transformées au service de cet art, des étincelles de vie jaillissent de son cœur et de ses yeux lorsqu'il se sent inspiré par une nouvelle reliure. Quand je lui ai parlé de la rencontre avec le grand chêne et de ce qu'il m'enseignait la nuit et ici, il m'a proposé de lui faire parvenir un dessin ou une photo de mon vieil ami.

- Et ensuite ?

- Lorsque je suis allé le voir pendant les vacances d'été, il m'a montré la maquette qu'il avait préparée pour imprimer la couverture. Je me sentais fébrile et mon cœur battait à toute allure. Ensuite il m'a demandé de l'accompagner dans son atelier et c'est là que patiemment, je l'ai observé pendant toutes les étapes. Lorsqu'il me l'a remis, il a d'abord fermé les yeux quelques instants en le tenant à la hauteur de son cœur. Puis il a ouvert les yeux et l'a déposé dans mes mains dans un geste presque sacré, en disant « Puisse ce cahier être un témoin noble et ensoleillé de tes rencontres avec ton vieil ami, le grand chêne. Tu es un Être merveilleux Noah et je t'aime. Merci. »

Marie-Douce écoutait Noah se raconter dans un état de grande sérénité. Elle avait l'impression qu'ils étaient enveloppés par une pluie de bénédictions et que le grand chêne leur enseignait en silence, l'état de gratitude et de reconnaissance du cœur.

Noah ouvrit délicatement son cahier et proposa à Marie-Douce de lui partager les exercices et enseignements qu'il y avait notés.

- Oui bien sûr Noah ! Je suis prête.

- Il y a des exercices de respiration, des exercices de visualisation, des méditations guidées, des exercices physiques, des exercices d'éveil de la vie, des exercices de contact avec l'énergie des arbres, plusieurs petits trucs et outils pour le quotidien, des activités de contact avec la nature, etc. C'est ce que j'ai noté jusqu'à maintenant.

- Il y en a plusieurs !

- Oui, alors voici le premier exercice...

Chapitre 4 – Le cahier de Noah

Chapitre 5

Des exercices pour s'enraciner, se centrer, s'aligner

Noah tourna la première page de son cahier. Il y avait inscrit « Avec Amour et Lumière, de mon ami le grand chêne ». Il tourna la page suivante qu'il avait laissée blanche comme un symbole de pureté, vers la reconnaissance de la pureté de son cœur.

En regardant cette page immaculée, il se rappela le souvenir d'une de ses premières rencontres avec le grand chêne. Il lui avait parlé de son ami Gabriel qui était lui aussi un sage enseignant.

- Si cela te convient, lui avait demandé le grand chêne, Gabriel nous accompagnera aussi lors de nos rencontres.

- Oui cela me convient tout à fait, avait répondu Noah.

- Parfois il s'adressera directement à toi et tu pourras entendre sa voix douce et réconfortante te guider dans ton cœur.

- Oh merci ! répondit Noah... Et il a le même nom que la tante de ma meilleure amie Marie-Douce !

- Ah ah ah ! répondit à son tour le grand chêne, en riant de bon cœur ! L'Amour-lumière de mon ami Gabriel enseigne à plusieurs Êtres et personnes sur la Terre.

- C'est vrai ?

- Bien sûr !

- Alors ton ami Gabriel et Gabrielle la tante de Marie-Douce se connaissent peut-être déjà.

- Oui Noah, ils se connaissent. Parfois Gabriel se présente comme un ami dans nos rêves, conversations et méditations. Parfois il se présente comme une « tante Gabrielle » ou un « sage Gabriel » auprès d'autres personnes.

- Est-ce que ça veut dire que plusieurs personnes peuvent recevoir les mêmes enseignements de Gabriel ?

- Oui, tu as bien compris Noah.

Noah sentit son visage s'illuminer de joie. En souriant, il tourna la troisième page de son cahier, sur laquelle il avait commencé à noter les enseignements et exercices proposés par son ami le grand chêne. Noah avait des talents d'écrivain naturel et il avait noté soigneusement chacune des étapes de façon à ce qu'elles soient claires pour lui et pour qu'il puisse éventuellement les partager. À la suggestion du grand chêne, il les avait décrits comme s'il s'adressait directement à une autre personne.

Noah respira profondément. En regardant Marie-Douce, il lui dit :

- Le premier exercice que le grand chêne m'a appris est l'exercice des trois soleils. J'ai aussi découvert que plusieurs traditions autochtones du monde connaissaient cet exercice et l'avaient personnalisé selon leur culture. Alors le voici Marie-Douce.

Exercice des trois soleils
Cet exercice appelé l'exercice des trois soleils est une des métaphores les plus répandues sur la Terre pour s'enraciner, se centrer dans le cœur et s'aligner avec la mère Terre et le père Ciel.

Chapitre 5 – Des exercices pour s'enraciner, se centrer, s'aligner

En position debout...
- Prends trois grandes respirations en inspirant par le nez et en expirant par la bouche
- Amène ton attention au niveau de ton cœur
- Ferme les yeux et continue de respirer calmement

Étape no.1
- Regarde ou imagine le soleil qui brille dans ton cœur.
  Prends le temps de le ressentir.

Étape no.2
- Regarde ou imagine le soleil qui brille dans le cœur de la mère Terre. Ressens-le.
- Imagine un canal qui relie ton cœur avec le cœur de la mère Terre.
- Pense à la beauté de la Terre et ressens l'amour que tu as pour elle.
  Rassemble cet amour dans un petit ballon et envoie-le au cœur de la mère Terre.
- La mère Terre a aussi beaucoup d'amour pour toi.
  Accueille l'amour que la mère Terre t'envoie à son tour.
- Laisse cet amour circuler du bas de ton corps jusqu'à ta tête, et continuer vers le ciel.
- Visualise ensuite des racines qui partent de ton cœur. Elles descendent dans ton ventre, tes jambes, tes genoux, tes pieds. Elles sortent sous la plante de tes pieds et descendent en se multipliant, pour t'ancrer solidement dans la Terre.

Étape no.3
- Regarde ou imagine le soleil qui brille au centre de l'univers.
  Ressens-le.
- Imagine un canal qui relie ton cœur avec le soleil central de l'univers.
- Pense à la beauté d'un ciel rempli d'étoiles ou d'un magnifique ciel bleu, clair et lumineux. Ressens l'amour que tu as pour l'univers.
- Rassemble cet amour dans un petit ballon et envoie-le au Père Ciel au centre de l'univers.
- Le Père Ciel a aussi beaucoup d'amour pour toi.
  Accueille l'amour que le Père Ciel t'envoie à son tour.
- Laisse cet amour circuler de ta tête jusque dans tes pieds et continuer vers la Terre.

Étape no.4
- Imagine maintenant un canal de cristal qui relie le cœur de la mère Terre, ton cœur et le cœur du Père Ciel.
- Laisse L'Amour-lumière descendre du cœur du Père Ciel jusqu'au cœur de la mère Terre, en passant par ton cœur.
- Laisse l'Amour-lumière monter du cœur de la mère Terre jusqu'au cœur du Père Ciel, en passant par ton cœur.
- Laisse l'Amour-lumière circuler dans tout ton corps.
  Tu peux ressentir que ton corps et ton énergie se centrent et s'équilibrent en douceur.
  Prends le temps de ressentir le bien-être qui s'installe en toi, le sentiment de sécurité, de calme, de confiance en toi et en la vie, d'amour pour toi, de paix, de joie…
- Et tout doucement, ouvre les yeux, ici et maintenant, avec le sourire aux lèvres.

Tu peux faire cet exercice régulièrement et en ressentir les bienfaits. Lorsque tu seras confortable avec cet exercice, tu pourras observer l'impact qu'il a sur ton bien-être et tes relations avec les autres personnes. Observe si tu te sens plus confiant et solide avec toi-même lorsque tu es bien enraciné, centré et aligné.

Pour Noah, cet exercice des trois soleils était devenu une pratique quotidienne. Au début, il devait lire les notes qu'il avait prises dans son cahier, et après quelques fois, il s'aperçut qu'il intégrait cet exercice simplement, facilement et en douceur.

Ses mots clés pour s'en souvenir étaient : je me centre dans mon cœur, je partage mon amour à la mère Terre et j'accueille son amour pour moi, je m'enracine solidement, je partage mon amour au père Ciel et j'accueille son amour pour moi, je laisse l'Amour-lumière circuler librement dans un beau canal de cristal bien aligné, mère Terre, moi et père Ciel, merci.

Marie-Douce avait écouté attentivement. Noah l'avait guidé en respectant son rythme. Elle se sentait maintenant plus détendue et sentait que toute son attention était présente ici et maintenant. Elle se sentait ravie et pleine d'énergie. Elle était prête à découvrir les exercices suivants.

Chapitre 5 - Des exercices pour s'enraciner, se centrer, s'aligner

Méditation-visualisation de l'arbre

Cette méditation-visualisation permet de te guider par l'exemple des arbres qui sont des enseignants naturels pour l'enracinement, le centrage et l'alignement avec la mère Terre et le père Ciel. Elle va te proposer de visualiser ton arbre personnel, l'imaginer et le ressentir bien équilibré, en bonne santé, avec des racines bien développées, le tronc bien droit et des branches épanouies déployées vers le ciel.

Pour faire cette méditation-visualisation, tu peux demander à une autre personne de t'accompagner et de la lire doucement et paisiblement, ou tu peux l'enregistrer et l'écouter au moment qui te convient.

- Prends trois grandes respirations en inspirant par le nez et en expirant par la bouche
- Amène ton attention au niveau de ton cœur
- Ferme les yeux et continue de respirer calmement

Étape no.1
- Imagine un petit sentier qui avance dans une forêt magnifique
- Marche dans le sentier jusqu'à une prairie entourée d'une forêt magique
- Prends le temps de regarder les couleurs de la forêt
- Regarde les doux rayons de lumière qui réchauffent le cœur des arbres
- Écoute le silence qui t'entoure et la musique des feuilles qui dansent dans les branches
- Respire les odeurs qui glissent sous ton nez et le parfum de la forêt
- Ressens la douceur de l'air qui te caresse
- Goûte à ce moment spécial
- Surprise ! Il y a des petits lutins et des fées des bois qui te disent « Bonjour! Nous sommes contents que tu sois là ! C'est un cadeau que tu sois sur la Terre ! Merci d'être toi ! »
- Prends le temps de respirer doucement

Étape no.2
- Regarde maintenant autour de toi et tu vas voir un arbre bien spécial qui t'appelle. Va le voir.
- Dis-lui que tu es un Être d'Amour et que tu choisis de rayonner cet amour sur la Terre
- Demande-lui de t'aider à t'enraciner les deux pieds sur la Terre pour te sentir plus solide, plus calme, pour avoir une bonne estime et confiance en

toi et la vie, pour t'amuser et aimer ton expérience sur la Terre, pour être heureux et en paix peu importe ce qui se passe autour de toi
- Écoute sa réponse et son invitation à t'asseoir à ses pieds... appuie ton corps sur son tronc
- Il va maintenant te montrer à reconnaître et harmoniser ton arbre de vie à toi

Étape no.3
- Vois maintenant un arbre qui te représente

- Regarde son tronc...
  Tu peux le toucher et sentir son écorce, sa texture, sa chaleur...
  Fais les ajustements pour que tu sentes qu'il est bien droit, solide et en bonne santé... pour que tu le trouves beau et que tu sois heureux de ce tronc...
  Regarde son cœur briller au milieu

- Regarde maintenant ses racines qui descendent puissantes et solides, bien alignées avec le cœur d'Amour-lumière de la mère Terre...
  Regarde-les se multiplier en prenant de plus en plus de force...
  Imagine une magnifique pierre de Lumière dans le cœur d'Amour de la Terre et laisse les racines de ton arbre la rejoindre en douceur...
  Imagine une belle lumière rouge qui monte du cœur de la Terre à travers ses racines, qui monte dans le tronc et ressort par le dessus de sa tête et qui continue vers le ciel, vers le soleil central de l'univers...

- Regarde maintenant ses branches qui sont comme des bras qui s'ouvrent vers le ciel ...
  Regarde ses feuilles, les fleurs ou les fruits... hum comme c'est beau... comme ça sent bon !
  Fait les ajustements pour qu'il soit rayonnant et heureux comme tu aimerais l'être sur la Terre...
  Imagine une belle lumière dorée qui descend du Soleil central de l'univers à travers tes branches, qui descend dans ton tronc et tes racines jusqu'au cœur de la Terre...

- Imagine un beau grand canal de cristal dans lequel les lumières rouge et dorée peuvent circuler librement en passant par le cœur de ton arbre
  Prends le temps de respirer profondément et de ressentir comme c'est bon

Chapitre 5 – Des exercices pour s'enraciner, se centrer, s'aligner

d'être bien enraciné les deux pieds sur la Terre et connecté avec le Ciel
Profite de cette sensation d'harmonie encore quelques instants

- Juste pour jouer, imagine maintenant qu'une petite pluie commence...
  Le vent se lève...
  Un orage commence et le jour devient tout sombre...
  Comment te sens-tu quand tu as de bonnes racines bien solides même si ça bouge beaucoup autour de toi ?...
  Comment te sens-tu quand tu es bien connecté avec le Ciel et la Terre? ...
  Comment te sentirais-tu si ton arbre avait une belle souplesse et qu'il pouvait garder le cœur léger même dans la tempête ?

  Ramène maintenant le calme...
  Le ciel se dégage...
  Le soleil brille...
  Tu entends le chant des oiseaux...
  Tu sens la forêt toute légère...
  Ton arbre se redresse, beau, grand et fier de lui...
  Laisse la joie remplir ton cœur
  Laisse l'Amour et la Lumière couler librement dans le canal de cristal et ressent l'harmonie qui est en toi maintenant

- Tu peux savoir que s'il t'arrivait dans le futur de te sentir inconfortable ou de vivre une situation désagréable...
  Tu peux repenser à ton arbre, tes racines. tes branches et au canal de lumière entre le Ciel, ton cœur et la Terre...
  Et tu vas instantanément te rappeler que tu peux te sentir solide, souple et avoir le cœur léger et heureux, peu importe ce qui se passe autour de toi...
  C'est simple et génial !

- Prends le temps de te remercier de cette belle expérience et de ressentir la gratitude dans ton cœur
  Prends le temps de sentir que tu es aimé...
  Tu as toujours été aimé et tu seras toujours aimé...
  Tu peux choisir de t'aimer inconditionnellement et choisir d'aimer tout simplement...

- Tout doucement, relève-toi maintenant du pied de l'arbre où tu étais assis et dis-lui merci...

Si tu veux, tu peux lui faire un gros câlin...
Tu vas sentir comme il est heureux de te connaître et d'avoir pu t'accompagner
Reprends maintenant le sentier dans cette forêt magique
Et reviens tout doucement ici et maintenant
Tu peux t'étirer et ouvrir les yeux en souriant.
Tu es en pleine forme pour continuer la journée !

Si tu veux, tu peux partager ton expérience avec d'autres amis qui ont aussi expérimenté cette petite méditation de l'arbre. Observe comment tu te sens lorsque tu es bien enraciné, centré et aligné.

Tu peux aussi te laisser inspirer pour écrire une petite histoire, faire un dessin, créer un petit scénario de théâtre ou une autre activité dans laquelle tu pourras inclure le processus d'enracinement, centrage et alignement. Cela va te permettre de l'intégrer.

Noah prit une petite pause, puis il ajouta:
- Le grand chêne m'a aussi proposé une autre méditation avec les arbres pour t'enraciner, te centrer, t'aligner et t'accompagner vers une bonne santé.

Méditation d'harmonisation avec les arbres
Cette méditation peut t'aider à être plus centré et à découvrir la sagesse des arbres pour t'aider à être en paix, en bonne santé et plus solide intérieurement.

- Allonge-toi sur un tapis de sol ou une couverture
- Installe-toi confortablement et prends une grande respiration
- Inspire lentement, profondément...
- Expire les tensions et préoccupations de ta journée...
- À chaque inspiration, tu te sens de plus en plus libre, calme et détendu
- Pendant que tu continues à te détendre, amène ton attention dans ton cœur

- Tête relax...visage relax... front relax... yeux relax... paupières relax... sourcils relax... nez relax... oreilles relax...bouche relax... menton relax... gorge relax... cou relax... épaules relax... dos relax... poitrine relax... bas du dos relax... ventre relax... bras relax... coudes relax... poignets relax... mains relax... doigts relax... hanches relax... fesses relax... jambes relax... genoux relax... chevilles relax... pieds relax... orteils relax...

- Tu peux te reposer doucement...
  Et pendant que ton corps se repose, pense à un arbre, une forêt...
  Laisse venir les images, les sons, les sensations

- Observe les puissantes racines des arbres qui les relient à l'énergie de la Terre
- Observe les branches et les feuilles des arbres qui les relient à l'énergie du ciel
- Avance maintenant dans un petit sentier entouré d'arbres
- Remplis ton regard des couleurs vivantes de cette belle nature
- Écoute le son des feuilles qui s'agitent et qui dansent sur les branches
- Respire le parfum et la douce fraîcheur de la forêt
- Ressens les doux rayons de soleil qui réchauffent la forêt et le cœur des arbres
- Écoute maintenant le silence...

- Et tout doucement, approche-toi d'un arbre grand, fort et en bonne santé
- Observe son écorce, sa couleur, sa forme, sa texture, son odeur, sa chaleur
- Dis-lui bonjour et fais-lui un câlin si tu en as envie
- Demande-lui la permission de t'asseoir à ses pieds
- S'il accepte, demande-lui de t'accompagner pour être calme et en bonne santé

- Assieds-toi maintenant au pied de l'arbre
- Imagine que ta colonne vertébrale se prolonge vers le bas par un fil noir qui se faufile entre les racines de l'arbre...
- Accepte l'aide de l'arbre pour que ce fil puisse rejoindre le cœur d'Amour-lumière de la Terre
- Imagine que ta tête se prolonge vers le haut par un fil d'or qui se faufile entre les branches de l'arbre...
- Accepte l'aide de l'arbre pour que ce fil puisse rejoindre le cœur d'Amour-lumière du soleil au centre de l'univers

- Respire profondément...
- Observe la rencontre de ces deux fils au niveau de ton plexus solaire
- Ressens le calme et la solidité qui s'installent en toi lorsque ces deux fils s'alignent
- Ressent la confiance et la sécurité de te sentir aimé
- Réalise comment cette connexion t'aide à te sentir solide et cohérent, tout

S'enraciner les deux pieds sur Terre

en te permettant d'agir en toute liberté

- Imagine maintenant que tu peux effacer temporairement les limites de ton corps pour expérimenter la sensation de vivre sans frontières
- Doucement, très doucement...
- Observe les mouvements intérieurs, les émotions et sentiments qui émergent...
- Si tu ressens de la peur, demande à l'Amour-lumière de la dissoudre et laisse-la fondre comme de la glace qui fond au soleil...
- Laisse l'Amour-lumière s'amplifier à l'infini...

- Accueille la douceur et la présence rassurante de l'arbre qui t'accompagne...
- Demande-lui de l'aide pour confier ce qui te préoccupe au cœur d'Amour-lumière du soleil au centre de l'univers afin d'en être purifié, libéré et guéri

- Demande-lui de t'aider à accueillir l'énergie de la guérison, de la paix, de la joie, de la confiance et l'estime de toi, de la santé, de la certitude que tu es aimé à l'infini...
- Prends le temps de ressentir cette nouvelle sensation de légèreté...

- Prends le temps de dire merci à cet arbre qui t'accompagne
- Et tout doucement, tu peux prendre une grande respiration
- Ouvre les yeux et étire-toi lentement
- Et tu peux revenir ici et maintenant, revitalisé et plein d'énergie pour continuer la journée

Si tu veux, tu peux partager ton expérience avec d'autres amis qui ont aussi expérimenté cette méditation d'harmonisation avec l'arbre. Observe comment tu te sens lorsque tu es bien enraciné, centré et aligné, et lorsque tu laisses l'Amour-lumière transformer ce qui te préoccupe.

Tu peux aussi découvrir les forces et les mots-clés qui décrivent l'énergie et l'accompagnement des arbres pour t'aider à harmoniser tes émotions et ta santé.[1]

----

[1] -*Tu peux trouver plusieurs mots-clés décrivant les forces et l'accompagnement des arbres dans le conte-enseignement « Alex découvre son totem ».*

Chapitre 5 – Des exercices pour s'enraciner, se centrer, s'aligner

Chapitre 6
Respiration et cohérence cardiaque

Noah suggéra à Marie-Douce de prendre une pause collation et boire de l'eau. Le soleil était radieux. Une petite brise flottait dans l'air, juste ce qu'il fallait pour apporter un vent de fraîcheur confortable et bienfaisant.

Marie-Douce avait enlevé ses souliers et ses bas et s'amusait à marcher pieds nus sur le tapis de verdure. Elle ouvrait les bras très grands, comme si elle désirait embrasser le soleil et l'envelopper d'une dentelle de petites pensées de gratitude.

Puis elle ferma les yeux, debout face au soleil, les mains déposées sur son cœur, les pieds solidement déposés sur le sol et ouverts à la largeur de ses épaules. Pendant quelques minutes qui semblaient se fondre dans un parfum d'éternité, elle dégusta le cadeau de cette journée merveilleuse qu'elle était en train de se créer, qu'elle était en train de vivre.

Noah s'était allongé près d'une talle de marguerites et de fleurs sauvages aux couleurs vives et vibrantes. Un brin d'herbe à la bouche, il murmurait une douce mélodie qu'il avait apprise dans sa plus tendre enfance. Il se sentait bien, calme et en unité avec la vie autour de lui.

Marie-Douce vint s'asseoir près de lui et lui demanda s'il voulait continuer à partager les enseignements qu'ils avaient notés dans son cahier. Noah l'invita à venir se rasseoir au pied du grand chêne et il reprit son cahier.

- Je vais maintenant te parler d'un exercice qui permet d'harmoniser les rythmes de ton cœur et ton cerveau. Mais avant de le décrire, j'aimerais te partager quelques informations que le grand chêne m'a suggéré de lire.

- C'est bon Noah. Je t'écoute !

- Il y a des chercheurs qui ont trouvé que lorsque le cœur se forme pendant la grossesse, une zone du cœur ressemble à un cerveau miniature, et le cerveau de la tête se développe un peu plus tard. Le petit cerveau du cœur contient « l'intelligence du cœur » qui guide le développement et l'épanouissement de ton corps et de ta vie. Il communique ensuite avec le cerveau de la tête par les voies qui permettent la circulation de l'énergie dans ton corps, par les voies électriques de ton système nerveux et par les voies biochimiques des hormones et d'une multitude d'autres molécules qui contribuent à un état de bonne santé.

En harmonisant cette communication et en favorisant l'équilibre des émotions, la respiration rythmique et les sentiments positifs, il y a un centrage dans le cœur et un alignement intérieur qui se fait naturellement. Les rythmes du cerveau de la tête se synchronisent avec les rythmes du cerveau du cœur, et cela te permet de ressentir un état de cohérence interne et de vivre l'expérience de l'harmonie, de la maîtrise de sa vie et de la paix intérieure.

Les chercheurs ont aussi montré que les sentiments disharmonieux créent des rythmes cardiaques irréguliers et inégaux, du stress et davantage de difficultés à penser clairement et à se sentir bien dans sa peau, alors que les sentiments harmonieux créent des rythmes cardiaques réguliers et doux, plus de facilité pour avoir une pensée claire, pour faire des choix qui sont bien et bons pour soi, et que cela produit dans le corps des réactions neurologiques, hormonales et biochimiques qui annulent les effets du stress.

- Est-ce que les sentiments harmonieux sont des sentiments comme l'Amour, la paix, la joie, la gratitude, l'appréciation, la compassion, etc.?

- Oui Marie-Douce. Regarde, j'ai fait un petit dessin dans mon cahier pour

Chapitre 6 – Respiration et cohérence cardiaque

illustrer l'effet des sentiments sur la cohérence des rythmes du cœur.

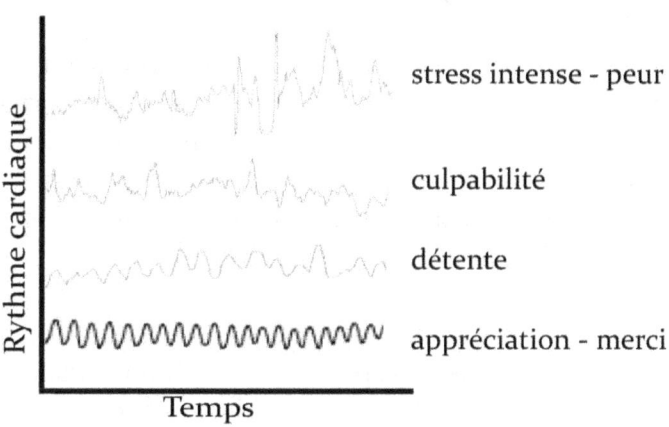

- Peux-tu m'expliquer un peu plus clairement ce qui se passe dans mon corps pour que ma tête et mon cœur se synchronisent?

- Lorsque tu ressens un sentiment harmonieux dans ton cœur, cette belle énergie est transmise par l'influx nerveux qui voyage de ton cœur jusqu'à une partie de ton cerveau qui est appelée le cerveau reptilien. Il est le spécialiste de ton cerveau pour préserver ta vie et assurer ta survie si tu vis une expérience stressante ou dangereuse. La formation réticulée est sa porte d'entrée et c'est elle qui filtre l'information qui est reçue.

Si le message qu'il reçoit provient d'un sentiment harmonieux, il dit à ton système nerveux de relaxer, d'apaiser ton rythme cardiaque, d'aider ton corps à se régénérer et renforcir ton système immunitaire pour prendre soin de ta santé.

Ensuite il peut envoyer à son tour l'influx nerveux à une autre partie de ton cerveau qui s'appelle l'amygdale du cerveau limbique. C'est la partie de ton cerveau qui initie les réactions émotionnelles en réponse au sentiment harmonieux que tu as ressenti dans ton cœur.

Ensuite l'amygdale du cerveau envoie l'influx nerveux jusqu'au thalamus, qui peut traiter l'information, activer tes réflexes et coordonner l'activité de ton cortex cérébral.

Et lorsqu'il reçoit l'influx nerveux à son tour, le cortex cérébral peut alors nommer ce que ton cœur et ton corps ont ressenti, et il peut influencer les émotions que tu exprimes ou celles que tu retiens.

Lorsque tu ressens un sentiment disharmonieux dans ton cœur, le signal transmis par l'influx nerveux provenant de ton cœur est irrégulier et incohérent. Quand ton cerveau reptilien reçoit ce message, il comprend que tu vis une expérience stressante ou dangereuse pour toi, alors il dit à ton système nerveux d'accélérer ton rythme cardiaque, de contracter tes vaisseaux sanguins et d'aider ton corps à réagir à cette situation.

Ensuite il peut envoyer l'influx nerveux à l'amygdale de cerveau limbique qui va initier les réactions émotionnelles en réponse au sentiment disharmonieux que tu as ressenti dans ton cœur. Et lorsque le thalamus reçoit à son tour ce message irrégulier et incohérent, il peut ne pas reconnaître ni comprendre clairement ce qu'il veut dire, et c'est souvent l'origine de plusieurs états de frustration et de négativité.

Finalement, ton cortex cérébral reçoit ce message et réagit soit en rationalisant la situation et ce que tu vis, en cherchant des solutions, en tentant de te raisonner ou de réagir par les jeux de compétition pour l'énergie. Parfois, à force de retourner cette situation inconfortable dans ta tête, tu peux te sentir perturbée par des pensées continues et persistantes de disharmonie. Cela créé un excès de bruit mental qui surcharge ton cerveau et peut même contribuer aux difficultés de concentration, d'attention et d'apprentissage.

Regarde Marie-Douce, j'ai fait un autre petit dessin pour illustrer ce que je viens de te partager.

Chapitre 6 – Respiration et cohérence cardiaque

Ressenti du cœur
Influence sur le rythme cardiaque
et sur l'influx nerveux qui établit une
communication entre le cœur et le cerveau

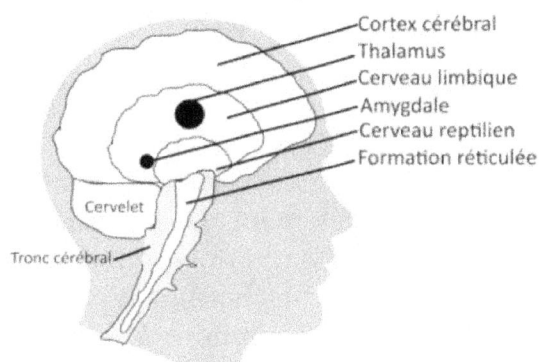

Nouveau ressenti du cœur

| **Sentiment de bien-être** | | **Sentiment de mal-être** |

- Nomme ce que ton cœur et ton corps ont ressenti
- Exprime ou retient les émotions

---- Cortex cérébral ----

- Rationalise, cherche des solutions, bruit mental, difficultés d'attention, concentration et apprentissage
- Exprime ou retient les émotions

- Traite l'information
- Coordonne l'activité du cortex cérébral

----- Thalamus -----

- Peut ne pas reconnaître le signal ni comprendre le message
- Frustration et négativité

- Réaction émotionnelle en réponse au sentiment harmonieux

----- Amygdale
Cerveau limbique -----

- Réaction émotionnelle en réponse au sentiment disharmonieux

- Message cohérent : harmonie
- Message au système nerveux : relaxe
- Apaise le rythme cardiaque
- Régénère le corps
- Renforce le système immunitaire
- Être observateur conscient
- Action initiée par l'intelligence du cœur

--- Formation réticulée ---
Cerveau reptilien

- Message irrégulier et incohérent : disharmonie
- Message au système nerveux : stress, danger ou douleur
- Accélère le rythme cardiaque

Réaction 1
- Action vers l'état d'harmonie

Réaction 2
- Lutte si les défis semblent grands et difficiles

Réaction 3
- Fuite si le ressenti dépasse le seuil de tolérance ou s'il et accompagné d'un sentiment de «sans issue»

Tu vis une expérience
et tu as un
ressenti du cœur

qui influence ton rythme cardiaque
et l'influx nerveux vers ton cerveau

- C'est très intéressant !

- Oui ! Le corps est merveilleux et il te parle à sa façon quand tu vis des expériences avec des sentiments harmonieux ou de disharmonie. Il semble même que la majorité des enfants qui vivent l'expérience du déficit d'attention vivent également l'expérience d'arythmie cardiaque, c'est-à-dire de la désynchronisation des fonctions du cœur. Lorsqu'ils découvrent le pouvoir des sentiments harmonieux pour synchroniser leurs rythmes cardiaques, ils peuvent apprendre à apprivoiser leurs émotions et expérimenter une amélioration de leur capacité d'attention et de concentration, une meilleure estime et maîtrise de soi, ainsi que la reprise de leur pouvoir personnel.

- Noah, j'ai hâte de découvrir cet exercice! Je suis prête!

- Alors Marie-Douce, voici l'exercice pour favoriser l'état de cohérence cardiaque.

Exercice pour favoriser l'état de cohérence cardiaque
Cet exercice permet d'aligner la communication entre ton cœur et ton cerveau pour générer un état de cohérence intérieure. Cela est possible par la respiration et en amenant ton attention dans ton cœur pour y ressentir un sentiment fondamental comme l'Amour, la gratitude, la compassion, la bienveillance.

Quand tu es dans cet état appelé « cohérence cardiaque », ton corps ne gaspille presque pas d'énergie parce qu'il fonctionne en harmonie. Ton pouvoir personnel est alors optimal et ton état émotionnel positif favorise l'accès à ton intelligence innée, l'optimisme, et des états de joie, de paix et de satisfaction. Cela favorise également un état d'efficacité pour apprendre, réaliser tes projets et pour te libérer du stress.

Tu peux commencer par apprendre la méthode de base qui est très simple et que tu peux utiliser au quotidien. Quand tu es dans cet état, tu peux ressentir un état d'apaisement, de paix, de l'amour et de la chaleur dans ton coeur, de la facilité à sourire, rire et être heureux spontanément, naturellement, à être disponible pour vivre l'instant présent, et en être témoin.

Chapitre 6 - Respiration et cohérence cardiaque

Cohérence cardiaque... la base

Prends trois grandes respirations en inspirant par le nez et en expirant par la bouche.
Amène ton attention au niveau de ton cœur.
Ferme les yeux et continue de respirer calmement.

1. Rappelle-toi un sentiment fondamental positif et agréable. (Amour, gratitude, compassion, bienveillance...)

2. Ressens ce sentiment dans ton cœur et laisse-le s'amplifier à l'infini.

3. Continue de respirer en restant centré dans ton cœur.

4. Ouvre les yeux... tu es maintenant prêt pour continuer tes activités dans un état de cohérence et de paix intérieure.

Dans la vie quotidienne, il peut arriver que l'état de cohérence cardiaque soit temporairement difficile à aligner et maintenir lorsque tu vis des expériences avec beaucoup d'émotions. Lorsque cela se produit, tu peux installer et maintenir un état de cohérence cardiaque plus facilement avec les trois étapes suivantes :

3 étapes

1. Améliorer la communication entre ton cœur et ton cerveau

2. Équilibrer les émotions et libérer les blocages émotionnels

3. Être à l'écoute de ton cœur et ramener l'harmonie en toi

Étape no.1 - Améliorer la communication entre ton cœur et ton cerveau

Quand tu vis une expérience stressante pour toi, ton corps utilise son énergie pour affronter le stress au lieu de créer et maintenir un état d'harmonie et de santé. Si tu vis une expérience de stress prolongé, ton corps s'épuise plus rapidement et tu peux sentir que c'est temporairement plus difficile de te sentir calme, joyeux et bien dans ton corps.

Lorsque cela se produit, reconnait ce qui est stressant pour toi, fait une pause et choisis de l'arrêter « stop! » Ensuite, recentre-toi dans un état de cohérence cardiaque.

Les sources de stress peuvent être des...
- Perceptions mentales : tapage dans ta tête, la petite voix qui te parle intérieurement et qui te dit des choses qui sont négatives ou dévalorisantes, pensées récurrentes et persistantes, conversations épuisantes et difficiles, tendance à juger et se juger, tendance à séparer ou catégoriser, décider de ce qui est bon ou pas, besoin d'avoir raison...
- Perceptions émotionnelles : peur, culpabilité, inquiétude, impatience, frustration, jugement, blâme, comparaison, colère, violence...
- Perceptions physiques : inconfort, douleur, malaise, maladie, souffrance, difficulté de concentration, difficulté d'attention, comportement disharmonieux.

Je prends conscience de ce qui me stresse et j'apprends à dire STOP !

1. Situation : _____
2. Pensée : _____
3. Émotion : _____
4. Comment je me sens : _____
5. Réaction réflexe : _____

STOP !

Chapitre 6 - Respiration et cohérence cardiaque

Je me recentre dans un état de cohérence cardiaque

1. Amène ton attention au niveau de ton cœur pendant au moins 10 secondes.

2. Respire de façon rythmique. Par exemple:
   Inspire 1...2...3...4... retient 1...2...3...4... expire 1...2...3...4... en gardant ton attention au niveau du cœur.

   Cela te permet de t'apaiser et de te sentir plus ouvert pour accueillir des solutions cohérentes pour ton cœur et ta tête. Si tu veux, tu peux placer tes mains sur ton cœur pour y focaliser ton attention plus facilement.

3. Rappelle-toi un sentiment fondamental positif et agréable. Ressens-le dans ton cœur et laisse-le s'amplifier à l'infini.

   Cela permet de calmer ton mental et favorise l'accès à l'intuition de ton cœur.

Si tu as de la difficulté à ressentir un sentiment fondamental dans ton cœur, il est possible que tu ressentes un état de stress très élevé ou une grande charge émotionnelle.

Si cela se produit, demande dans ton cœur que cet état soit mis au « point zéro », c'est-à-dire qu'il soit mis au point neutre pour le cœur. Ce sera alors plus facile pour toi d'observer ce qui se passe en toi et autour de toi de façon neutre, et de ressentir la sagesse de ton cœur qui te guide vers ce qui est bien et bon pour toi. Également, plus tu vas développer ta capacité d'être au « point zéro » et de maintenir cet état, plus ton rythme cardiaque va s'aligner dans un état d'équilibre et ce sera plus facile pour toi de développer la maîtrise de tes émotions.

En conservant ton attention au niveau du cœur, respire « Amour-lumière » en douceur et laisse-le s'amplifier à l'infini. Lorsque tu respires paisiblement au « point zéro », tu peux ensuite pratiquer l'état de reconnaissance et de gratitude, puis apprivoiser graduellement le ressenti des sentiments fondamentaux dans ton cœur.

Je pratique l'état de reconnaissance et de gratitude

Dans cette situation, tu es reconnaissant/e pour... :

1. _____
2. _____
3. _____

4. Accueille le sentiment fondamental qui émerge avec la pratique de l'état de reconnaissance et de gratitude.

5- En gardant ton attention au niveau de ton cœur, demande à ta sagesse intérieure (Moi supérieur, le soleil d'Amour-lumière qui brille dans ton cœur) de guider et inspirer tes pensées, paroles et actions dans cette expérience et de minimiser le stress à l'avenir.

6- Écoute la réponse de ton cœur, de l'intuition qui vient de ton cœur, de la petite voix sage et paisible qui te guide vers ce qui est bien et bon pour toi.

Si tu essaies de te débarrasser des perceptions mentales, émotionnelles, physiques ou autres sources de stress en les refoulant, tu peux attirer d'autres expériences pour apprendre à les accueillir et ramener l'harmonie PAR le DON de l'Amour et la lumière (pardonner). Si tu es centré au niveau de ton cœur, tu peux envelopper et remplir d'Amour-lumière ce qui t'a fait de la peine ou ce qui a été souffrant pour toi. Lorsque tu fais cela, tu pardonnes avec le cœur et tu peux te libérer

Chapitre 6 – Respiration et cohérence cardiaque

et retrouver l'accès à ta vraie puissance, celle de ton cœur d'Amour-lumière. Ton état de cohérence cardiaque augmente et les ondes de ton cerveau se synchronisent avec les rythmes de ton cœur. Cela te permet d'accueillir plus clairement les messages de ton cœur, d'avoir l'esprit tranquille et d'être disponible pour vivre de nouvelles expériences positives et bienveillantes pour toi.

Si l'état de stress persiste...
il y a probablement un message pour moi.
J'observe et j'accueille la réponse de mon coeur

1. Observe ce qui est inconfortable.
   Centre ton attention dans ton coeur.
   Observe et accueille ce qui est là en ce moment.
   Laisse l'Amour-lumière de ton coeur l'éclairer.

2. Accueille l'intuition-message de ton coeur.

3. Prends conscience de comment tu te sens si tu fais confiance
   à l'intuition-message de ton coeur.

4. Accueille le nouvel état d'être qui émerge naturellement.

L'observation neutre, l'accueil par le coeur et l'écoute de l'intuition-message du coeur permettent une transformation intérieure dans la façon de vivre cette expérience, un passage, une bascule, un renouveau qui permet d'être dans un nouvel état et de faire de nouveaux choix.

Par exemple, cela permet la transformation de l'état... à un nouvel état...
- la peur de quelque chose à l'état de confiance en soi
- la dévalorisation à l'état d'estime de soi

- le manque de motivation à l'état de créativité
- l'état de conflit à l'état de paix intérieure
- le besoin d'avoir raison au choix d'être en paix
- la fatigue/épuisement à un état plein d'énergie
- le sentiment d'être étouffé à un état de liberté d'être
- le jugement à l'état d'appréciation
- l'angoisse (peur que les expériences passées se répètent) ou l'anxiété (peur du futur) à l'état de disponibilité pour vivre l'instant présent

Étape no.2 - Équilibrer les émotions et libérer les blocages émotionnels

Si tu as vécu certaines émotions de façon répétitive depuis longtemps, elles sont enregistrées dans ton cerveau avec des scénarios de réactions qui peuvent devenir des patterns automatiques. Cette information est inscrite dans ton cerveau sous la forme de réseaux de neurones. Si tu souhaites créer des réactions différentes et vivre de nouvelles expériences, il est nécessaire que de nouveaux réseaux de neurones soient créés dans ton cerveau et qu'ils soient utilisés de façon répétitive pour que les anciens patterns automatiques deviennent désuets et soient définitivement remplacés par les nouvelles réactions plus appropriées et bénéfiques pour toi.

Le but de cette deuxième étape est de renforcer l'utilisation des réseaux de neurones qui sont positifs et sains pour toi. Cela permet de dissoudre graduellement les réseaux de neurones associés aux blocages émotionnels, refoulement et rationalisation des émotions, ainsi qu'aux expériences non résolues.

Comme pour ton cœur, le plexus solaire a aussi son propre « cerveau » de neurones et de neurotransmetteurs. Il est affecté par les émotions fortes que tu vis et c'est ce qui est à l'origine des réactions de l'estomac (comme la nervosité, le sentiment d'avoir un nœud, des papillons, des brûlements, des reflux, etc.) et de ton ventre (comme les charges émotionnelles de peur, la nervosité, le trac, la diarrhée, la constipation, etc.). Lorsque tu amènes ton attention dans ces deux zones simultanément, le « cerveau » du plexus solaire peut s'aligner avec celui du cœur, pour calmer les émotions et retrouver un état plus équilibré et stable, tout en restant enraciné les deux pieds sur Terre.

Pour que ce soit plus facile, tu peux faire « comme si » tu étais un observateur neutre « au point zéro », un spectateur de cette expérience.

Tu peux imaginer que tu es installé confortablement dans une cabine de projection d'une salle de cinéma et que tu vas regarder le film de la situation que tu vis, et qui sera projeté sur un écran devant toi. Cela peut t'aider à prendre du recul et te dé-identifier de la situation, des charges et tempêtes émotionnelles, ainsi que des sentiments de disharmonie. En concentrant ton attention au niveau du cœur, tu peux reprendre contact avec l'intelligence du cœur et réaligner tes pensées, paroles et actions de façon plus positive, équilibrée et réaliste.

Tu peux désamorcer les drames en imprégnant de compassion les sentiments perturbés ou de disharmonie que tu ressens. La puissance d'Amour-lumière et de compassion du cœur permet de dégager et libérer les sentiments et les émotions récurrentes, même si elles sont enregistrées depuis longtemps. Lorsque tu ressens de la compassion envers toi-même, les autres et la vie, ton état de cohérence cardiaque augmente graduellement ainsi que le sentiment de liberté d'être qui tu es vraiment.

Après avoir désamorcé et libéré le maximum de drame possible pour toi à ce moment, demande à ton cœur d'Amour-lumière de t'inspirer un conseil ou une nouvelle compréhension de cette situation. Si tu ne perçois pas la réponse de ton cœur rapidement, trouve quelque chose à propos duquel tu peux être reconnaissant dans cette situation. L'état de reconnaissance et de gratitude facilite l'accès à l'intuition du cœur.

Lorsque tu désamorces les drames et les blocages émotionnels, tu peux ramener l'harmonie dans tes émotions et vivre l'expérience d'un nouvel état d'être. Tu peux alors prendre conscience et remercier pour les apprentissages que tu as faits dans ces expériences et en accueillir les leçons de sagesse.

Lorsque tu te dé-identifies des rôles que tu as joués dans ces expériences, tu peux te déposer doucement dans ton coeur et laisser l'Amour-lumière prendre soin de toi et rayonner à l'infini. Même si elles t'ont peut-être paru interminables, ces expériences ont eu un début, un dénouement et une fin.

L'Amour-lumière qui est dans ton coeur est éternel. Lorsque tu cesses de t'identifier à ces versions de «toi», alors le vrai Toi peut émerger et briller au grand jour.

Je prends conscience des émotions récurrentes. Je désamorce le maximum de drame possible et je me recentre dans mon coeur

1. Prends conscience du drame.

2. Observe l'émotion récurrente et ce qui est inconfortable dans ton corps.

3. Amène ton attention au niveau de ton cœur et ton plexus solaire. Inspire de l'Amour-lumière et de la gratitude dans cette zone pendant au moins 10 secondes. Inspire maintenant de la compassion dans les émotions et les régions inconfortables de ton corps. Expire pardon, lâcher-prise, libération, transformation. Refais ce cycle de respiration 3 fois, avec douceur pour toi-même.

4. Installe-toi dans une position confortable et prends du recul, comme si tu étais un observateur neutre, un spectateur de cinéma. Observe cette expérience avec compassion, dé-identification.

5. Accueille l'intuition-message de ton coeur.

6. Prends conscience de comment tu te sens si tu fais confiance à l'intuition-message de ton coeur.

7. Dans cette situation, tu es reconnaissant/e pour... (nomme au moins 3 choses).

8. Accueille le sentiment fondamental qui émerge lorsque tu es dans un état de reconnaissance et de gratitude.

Chapitre 6 – Respiration et cohérence cardiaque

Étape no.3 - Être à l'écoute de ton cœur et amplifier l'Amour-lumière à l'infini

Tout ce que tu viens d'apprendre à propos de la cohérence cardiaque est un véritable cadeau que tu peux t'offrir à toi-même, partager avec d'autres personnes et que tu peux offrir à la mère Terre.

Lorsque tu es à l'écoute de ton coeur et que tu accueilles l'Amour-lumière qu'il rayonne naturellement, tu peux ressentir un état de joie, de paix et de douceur qui transforme ta perception de toi-même, des autres et de la vie. En laissant l'Amour-lumière s'amplifier à l'infini, tu peux contribuer à une vie heureuse pour toi-même, les autres personnes qui reçoivent ces belles vibrations, et pour la mère Terre. C'est une façon toute simple de participer à la création d'un monde meilleur.

Je suis à l'écoute de mon coeur et j'amplifie l'Amour-lumière à l'infini

1. Installe-toi confortablement dans un lieu tranquille, ferme les yeux, et continue de respirer dans un état calme et détendu.

2. Amène ton attention au niveau de ton cœur pendant au moins 10 secondes.

3. Respire de façon rythmique. Par exemple :
   Inspire 1...2...3...4... retient 1...2...3...4... expire1...2...3...4...
   en gardant ton attention au niveau du cœur.

   Cela te permet de t'apaiser et de te sentir plus ouvert pour accueillir des solutions cohérentes pour ton cœur et ta tête. Si tu veux, tu peux placer tes mains sur ton cœur pour y focaliser ton attention plus facilement.

4. Laisse émerger un sentiment d'amour, de bienveillance, de reconnaissance ou de compassion envers une personne facile à aimer pour toi ou une situation positive dans ta vie. Conserve ce sentiment pendant 5-15 minutes.

   Cet état prolongé de communication entre ton cœur et ton cerveau permet à ton corps de se régénérer en douceur, de reprogrammer tes cellules et organes vers un état de santé naturelle bienveillante, et d'équilibrer tes systèmes nerveux, immunitaire et hormonal.

5. Dirige maintenant ce sentiment d'amour, de bienveillance, de reconnaissance ou de compassion envers toi-même, d'autres personnes ou la Terre.

   Cela t'aide à être et rester bien enraciné les deux pieds sur Terre, à être en harmonie avec Toi et la Vie.

   Si des pensées parasites émergent, ramène doucement ton attention au niveau du cœur et respire calmement.
   Rappelle-toi un sentiment fondamental positif et agréable.
   Ressens-le dans ton cœur et laisse-le s'amplifier à l'infini.

6. Si tu veux, tu peux noter les sentiments et intuitions qui émergent lorsque tu es dans cet état. Tu pourras les mettre en action au moment approprié.

7. Merci.

Marie-Douce avait écouté Noah lui décrire cet exercice avec beaucoup d'attention. Elle se sentait heureuse de réaliser que cette clé de paix intérieure était accessible par la respiration, l'attention centrée dans son cœur et l'Amour-lumière envers elle-même.

- Wow Noah! Quel beau cadeau!

Chapitre 6 - Respiration et cohérence cardiaque

- Merci Marie-Douce... surtout merci à mon vieil ami le grand chêne et à Gabriel!

- J'aime beaucoup les exercices simples et je suis contente de découvrir que la puissance de la respiration et de l'Amour-lumière!

Chapitre 7

Encore d'autres exercices

Noah et Marie-Douce prirent une grande respiration simultanément et éclatèrent de rire joyeusement. Ils se levèrent debout pour se dégourdir en se secouant les hanches, les épaules, et le corps en entier.

- Est-ce que tu aimerais que je te partage un autre exercice de respiration qui favorise l'enracinement, le centrage et l'alignement ?

- Oui Noah !

- Cet exercice est très différent du précédent. Il permet d'aligner ta puissance personnelle avec différentes facettes d'expression de tes forces intérieures et de qui tu es.

Noah prit son sac à dos. Il commença par boire une grande gorgée d'eau, aussitôt accompagné par Marie-Douce qui bu en se délectant du parfum et de la fraîcheur désaltérante de l'eau.

- C'est tellement bon de l'eau ! Merci !

Noah reprit son sac à dos et fouilla jusqu'au fond. Il en sortit un tout petit tambour amérindien avec un maillet pour battre le rythme.

- Oh un tambour ! s'exclama Marie-Douce. Est-ce que tu vas l'utiliser pour synchroniser la respiration ?

- Je vais l'utiliser pour accompagner le rythme de ta respiration et le son de ta voix.

Noah s'assit confortablement et invita Marie-Douce à s'asseoir confortablement elle aussi, en relevant le haut de son corps, pour qu'il soit droit et détendu.

Respiration qui favorise l'enracinement, le centrage et l'alignement
Cette respiration utilise le son de ta voix et le son d'un tambour pour guider le rythme. Le premier son permet de t'enraciner avec la Terre. Le deuxième son permet à ta puissance créative de s'exprimer dans la joie. Les trois autres sons te permettent d'affirmer ta puissance personnelle, de dire « oui » à la vie avec conviction et de dire « non » à la peur et à ce qui ne te convient pas.

- Prends trois grandes respirations en inspirant par le nez et en expirant par la bouche
- Amène ton attention au niveau de ton cœur
- Continue de respirer calmement

La personne qui a le tambour joue un rythme régulier et calme 1... 2... 3... 4...
- Synchronise ta respiration avec le tambour: Inspire 1... Retiens 2... 3... Expire 4...
- Continue de respirer : Inspire 1... Retient 2... 3... et Expire 4 en faisant un des six sons suivants, un à la fois.
- Répète la séquence de respiration huit fois avec chaque son avant de passer au son suivant.
- Ensuite, relaxe doucement et laisse ta respiration reprendre son rythme calme et régulier.

Son no.1 : aaaaa
Utilise ta voix grave et expulse le son en poussant vers le sol avec le bas de ton corps

Son no.2 : ahhhh
Utilise ta voix d'émerveillement et laisse sortir le son comme s'il montait avec puissance du bas de ton ventre jusqu'à ta bouche

Son no.3 : hhaaa
Utilise ta voix d'affirmation, contracte le diaphragme et expulse le son par la bouche

Son no.4 : oui
Utilise ta voix d'affirmation, contracte le diaphragme et expulse le son par la bouche

Son no.5 : non
Utilise ta voix d'affirmation, contracte le diaphragme et expulse le son par la bouche

Son no.6 : hhaaa
Utilise ta voix d'affirmation, contracte le diaphragme et expulse le son par la bouche (répétition du son no.3)

Marie-Douce s'était amusée à faire ces respirations au rythme de tambour de Noah.

- Ce que j'ai ressenti dans cet exercice est très intéressant.

- Ah oui, et qu'est-ce que tu as ressenti ?

- J'ai réalisé qu'en étant centrée dans mon cœur, j'avais accès à une puissance intérieure plus grande que je ne l'avais imaginée. Le « oui » résonnait en moi comme une ouverture à la vie, à ma vie. La puissance du « non » me donnait confiance pour mettre des limites, comme si je pouvais dire « non merci » à ce qui ne me convient pas, par amour de moi-même et en restant centrée dans son cœur.

- Magnifique !

- Cet exercice était vraiment amusant, mais tu n'es pas toujours près de moi pour battre le rythme avec le tambour. Y a-t-il d'autres façons de faire cet exercice ?

- Oui, tu pourrais utiliser un métronome pour maintenir le rythme. Si tu as un tambour, tu pourrais créer le rythme toi-même en tapant de façon synchronisée avec ta respiration 1... 2... 3... et au 4e temps, tu fais le son avec ta voix seulement, en y mettant toute ta concentration et ton énergie pour t'exprimer.

- Merci, ce sont de bonnes idées. J'ai beaucoup aimé le sentiment de pouvoir m'exprimer et d'affirmer ce qui vient de ma force intérieure, tout en ressentant un état de paix intérieure...

Moment de silence...

- J'ai ressenti qu'il est possible d'être moi et d'affirmer ma puissance intérieure en me sentant bien et en paix avec moi-même, lorsque ma voix exprime ce qui vient de mon cœur d'Amour-lumière. C'était comme si j'utilisais mon énergie pour me créer et que je n'avais plus besoin d'utiliser mon énergie pour expliquer, me justifier, me battre pour avoir me place ou être reconnue. C'était vraiment un ressenti très agréable et valorisant.

- Quelle belle expérience !

- Oui et je me plais en ce moment à imaginer que la Terre serait habitée par plein de belles personnes qui se sont reconnues et qui expriment leurs puissances personnelles à partir du cœur... Je pense que le visage de la Terre serait transformé et que la Paix deviendrait une réalité pour tous.

Noah et Marie-Douce profitaient d'un moment de silence pour rêver au monde dans lequel ils voulaient vivre et le créer dans leur cœur.

- Noah, demanda Marie-Douce, est-ce qu'il y a des petites phrases positives ou affirmations qui pourraient m'aider à manifester ma puissance personnelle à partir de mon cœur ?

- Oui Marie-Douce. Ton cœur d'Amour-lumière peut toujours t'inspirer et te guider vers ce qui est bien et bon pour toi si tu le lui demandes.

- Toi Noah, est-ce que tu en as quelques-unes à proposer ?

- Eh bien je peux te proposer quelques affirmations quotidiennes qui m'aident

Chapitre 7 – Encore d'autres exercices !

à m'enraciner, me centrer et m'aligner. Je les ai entendues dans un rêve après une conversation avec le grand chêne, qui m'avait suggéré de demander à mon cœur d'Amour-lumière de me guider vers ce qui était bien et bon pour moi.

Noah tourna les pages de son cahier jusqu'à la fin. Sur la dernière page, il avait inscrit en lettres stylisées le titre « Affirmations quotidiennes », et en sous-titre « J'accueille et j'accepte ce qui est bien et bon pour moi. Je Suis. Merci ! ».

Il avait ensuite inscrit en lettres détachées quelques affirmations et pensées positives. Il en montra quelques-unes à Marie-Douce, en réponse à sa demande.

Il avait aussi fait un petit croquis qui ressemblait à des poupées russes. Intriguée, Marie-Douce lui demanda ce que ce dessin signifiait.

- C'est une image qui me rappelle que je suis beaucoup plus que mon corps physique. Toutes les émotions que je vis, les pensées qui m'habitent, les souvenirs qui sont encore vivants en moi-même si je les ai oubliés, l'histoire de mon cheminement d'évolution et de mon chemin de réalisation, ainsi que l'essence de qui Je Suis sont inscrits dans mon énergie.

Ce croquis est une façon de représenter chacun de ces aspects de mon expérience de vie. Il y a mon corps physique, ici les deux pieds sur Terre, et autour il y a mes autres corps, éthérique, émotionnel, mental, causal, astral, de sagesse bouddhique, et l'énergie de mon âme.

J'ai mis ce croquis ici pour me rappeler que mes affirmations quotidiennes s'adressent à tout mon Être et que j'avance vers un état d'harmonie et de santé dans tous les plans. Cela veut dire que je choisis avec tout mon Être de m'enraciner les deux pieds sur Terre, me centrer dans mon cœur et m'aligner avec mon essence spirituelle et la Vie. Cela me permet d'être présent et de laisser l'Amour-lumière s'amplifier à l'infini. Cela me permet aussi de me sentir vivant et rempli de sentiments harmonieux comme l'Amour-lumière, la paix, la joie, la compassion, la gratitude, etc.

Est-ce que tu veux maintenant découvrir mes petites affirmations quotidiennes d'enracinement, centrage et alignement ?

- Oui évidemment !

S'enraciner les deux pieds sur Terre

Affirmations d'enracinement, centrage et alignement
Voici quelques affirmations par lesquelles tu peux manifester ta puissance personnelle pour t'enraciner les deux pieds sur Terre, te centrer dans ton cœur, t'aligner avec la vie et recentrer ton corps et ton énergie ici et maintenant.

Ces affirmations sont faites « au point zéro », c'est-à-dire comme si tu étais un observateur neutre. Garde ton attention bien centrée dans ton cœur, dans la lumière du soleil qui brille dans ton cœur. Tout comme dans l'exercice des trois soleils ou la méditation de l'arbre, ces affirmations permettent d'aligner ton cœur, avec le cœur de la Mère Terre et le cœur du Père Ciel. Cet alignement favorise l'équilibre intérieur pour que la lumière qui brille dans ton cœur puisse rayonner et habiter ton corps au complet, et s'amplifier à l'infini.

- Prends trois grandes respirations: inspire par le nez, expire par la bouche
- Amène ton attention au niveau de ton cœur
- Ferme les yeux quelques instants et continue de respirer calmement

Affirmations à dire à haute voix ou intérieurement

- ***Cœur*** - Je commande d'être centré dans mon cœur au point zéro.

- ***Terre*** - Je commande d'être bien enraciné les deux pieds sur Terre, et que mes racines se déploient, puissantes et solides, bien alignées avec le cœur d'Amour-lumière infini de la Mère Terre.
  (visualiser les racines allant jusqu'à 3-6 pieds/1-2 mètres de profondeur).

- ***Ciel*** - Je commande d'être aligné avec le cœur d'Amour-lumière infini du Père Ciel, le soleil au centre de l'univers.

- ***Alignement corps et énergie***
  Je commande...
  ... à tous mes pieds énergétiques de s'aligner avec mes pieds physiques
  ... à toutes mes têtes énergétiques de s'aligner avec ma tête physique
  ... à tous mes cœurs énergétiques de s'aligner avec mon coeur d'Amour-lumière infini (le soleil qui brille dans mon cœur)
  ... et à tous mes nez énergétiques de s'aligner avec mon nez physique

- Je commande à tous mes corps d'énergie, chakras, canal, polarité, axes énergétiques, conscience, dimensions... à tout mon Être, de se relever en

Chapitre 7 - Encore d'autres exercices !

> Être debout, recentrer, réaligner, en parfaite harmonie, équilibre et unité, chacun à la place qui leur revient selon le plan divin d'Amour-lumière infini, dans le respect des lois de l'univers.
>
> - Je commande que mon essence « Je Suis » habite tout mon Être, toutes mes cellules, chaque pli et repli, les pleins et les vides.
>
> - Mes cellules respirent, sourient et retrouvent leur état de santé divine parfaite. Merci.

En écoutant les affirmations, Marie-Douce les avait répétées intérieurement. Elle avait senti quelques mouvements de redressements dans son corps et un état de solidité qui s'installait en elle. Sa respiration s'était apaisée naturellement et elle ressentait le contact de ses pieds avec l'énergie de la Terre. C'était un sentiment très agréable et réconfortant pour elle.

Noah la regardait avec un petit sourire au coin des lèvres, retenant momentanément un éclat de rire joyeux pour lui laisser apprivoiser ce nouvel état en silence, présente à elle-même et à ce qui se passait dans son corps et tout son Être. Puis, lorsqu'il vit que son corps s'était stabilisé et que Marie-Douce avait levé les yeux vers lui, il s'esclaffa librement, heureux... simplement heureux...

- C'était amusant, ajouta Marie-Douce qui elle aussi s'était laissée aller à un fou rire libre et tout à fait spontané.

- Si tu le permets, demanda Noah, je vais aussi y ajouter les affirmations que tu as reçues de ta tante Gabrielle et que tu m'as lues ce matin.

- Oui bien sûr Noah! Je les connais par cœur, c'est-à-dire par le cœur! Est-ce que tu veux les noter maintenant?

- Oui, je suis prêt, ajouta Noah pendant qu'il prenait un crayon qui ressemblait à un sucre d'orge confectionné en tourbillon de couleurs.

Affirmations de reconnaissance, estime et confiance en soi... et en la vie!
Marie-Douce releva la tête et ajusta subtilement la posture de son corps, comme lorsqu'elle se sentait remplie de confiance et de gratitude.

— Voici ce qui était écrit sur la carte poste que tante Gabrielle m'a envoyée avec les petits mots qu'elle avait ajoutés au verso :

Je suis un Être merveilleux !
Je m'aime totalement, profondément, inconditionnellement!
Ma valeur vient de qui Je Suis.
J'ai confiance en moi et en la vie.
Je respire calmement.
Je choisis d'être en paix.
Je me relève en Être debout
Je suis fidèle à moi-même et j'affirme qui Je Suis.
Je m'enracine les deux pieds sur Terre.
Je me centre dans mon cœur et j'amplifie l'Amour-lumière à l'infini.
Je suis en santé dans tous les plans maintenant.
J'accueille, accepte, mérite et remercie pour l'Amour, la paix, la joie, la lumière, la santé, l'abondance, la liberté, la douceur, l'unité, la sagesse, l'unité, le rire, le sourire, la vitalité, …la vie !
J'ai des pensées, paroles, actions et énergies positives et bienveillantes envers moi-même, les autres et la vie.
Un seul chemin : le chemin du coeur.
Je Suis ! Merci ! »

Noah déposa son crayon. Il était visiblement heureux et comblé.

Marie-Douce se leva pour aller faire un câlin au grand chêne. Un frisson de bienveillance parcouru les feuilles au-dessus de sa tête, comme s'il lui faisant un câlin à sa façon. Elle s'amusa à faire une ronde autour de son tronc, en chantonnant les sons de son cœur, pour célébrer la rencontre avec ce nouvel ami.

Noah se joint à son jeu et la complicité harmonieuse de leurs voix avait la résonance d'un chant sacré offert à la vie, à la Vie. Une bulle de lumière les enveloppait pendant que les rayons du soleil s'animaient de milliers d'étincelles dansant au rythme de cette mélodie. Le grand chêne ouvrait ses bras en accueillant l'abondance de bénédictions qui étaient déversées du ciel. Les oiseaux avaient accordé leurs chants et partitions pour contribuer à cette symphonie improvisée, à cet hymne à la joie du cœur.

Sans trop savoir comment ni d'où ils venaient, plusieurs petits animaux s'étaient approchés d'eux. Une grande fête de famille se célébrait dans la petite clairière. Les

Chapitre 7 - Encore d'autres exercices !

plus jeunes se mirent à courir et à jouer les uns avec les autres. Un observateur aurait cru qu'une grande valse annonçait la création d'un royaume où chacun était le roi et la reine de sa propre vie, et où les dons, forces et talents de chacun étaient partagés pour créer un espace de paradis, ici les deux pieds sur Terre.

Les animaux s'approchaient de Marie-Douce et Noah comme s'ils avaient été de vieilles connaissances ou comme s'ils voulaient les remercier de ces retrouvailles. Avec la chaleur du soleil, les fleurs avaient déployé leurs pétales et une allégorie de parfums embaumait l'air délicatement. Des volées d'oiseaux survolaient la clairière en la saupoudrant de leurs cris et applaudissements cocasses.

Peu à peu, très doucement, la fête se déposa dans le sol de la clairière, comme pour l'offrir à la Terre et lui permettre de résonner dans les mondes de pierres et de cristaux, jusqu'au cœur d'Amour-lumière de la Terre.

Le silence était rempli. L'harmonie était palpable.

Noah s'était endormi au pied du grand chêne pendant que Marie-Douce faisait la sieste au milieu des talles de fleurs.

Soudainement, un oiseau bleu, messager du bleu du ciel, vint se déposer sur la plus grosse branche du chêne. Il sonnait le clairon pour réveiller Noah et Marie-Douce ! La journée n'était pas finie!

Noah s'étira en bâillant puissamment pendant que Marie-Douce se levait, radieuse et souriante, comme une princesse qui se réveille d'un long sommeil. Elle vint s'asseoir près de Noah qui tout doucement, reprit son cahier bordé d'une ligne dorée.

- Marie-Douce, est-ce que tu veux que je continue à te partager ce que j'ai noté dans mon cahier?

- Oui s'il vous plaît. Je me sens régénérée et pleine d'énergie tout en étant calme intérieurement. C'est un état merveilleux.

Noah tourna la page à l'exercice suivant.

L'éveil de la vie

Cette visualisation peut t'aider à accueillir le processus naturel d'enracinement, d'éveil de la vie et de croissance de ton potentiel intérieur. C'est une visualisation dynamique où tu peux exprimer par ton corps les étapes de croissance d'une graine de semence jusqu'à ce qu'elle devienne un arbre mature.

- Prends trois grandes respirations en inspirant par le nez et en expirant par la bouche
- Amène ton attention au niveau de ton cœur
- Ferme les yeux et continue de respirer calmement

- Installe-toi à genoux par terre, avec ta tête sur tes genoux, comme si tu étais une petite boule déposée dans la terre... comme si tu étais une graine de semence
- Remercie l'amour de la Terre et de la vie qui t'accompagne
- Imagine que tu es bien entouré par le confort et la sagesse de la terre
- Laisse la graine de semence s'éveiller doucement
- Laisse la force de vie intérieure briser graduellement l'enveloppe de la semence et pendant que la vie se réveille, fait le son « Aaaaa... »
- Laisse les racines se déployer, puissantes et solides, vers le cœur de la Terre
- Laisse la tige se frayer un chemin dans la terre pour émerger au grand jour
- Laisse les racines et la tige grandir jusqu'à ce qu'elles deviennent une plante mature, solide et bien enracinée
- Ouvre tes yeux et regarde autour de toi en souriant. Fais le son d'un arbre qui a grandi dans une forêt joyeuse.

Marie-Douce s'était prêtée à ce jeu, comme si elle tenait le premier rôle d'une pièce de théâtre intitulée « L'éveil de la vie ». Elle avait mimé et ressenti chacune des étapes au fur et à mesure que Noah la guidait. Elle s'était tellement abandonnée à cette expérience qu'elle eut pendant quelques instants, le sentiment d'être véritablement au cœur de l'essence d'un arbre et de vivre l'expérience d'un arbre qui s'éveille à la vie. Pendant ces quelques instants, elle avait eu le sentiment d'être totalement unie à la Vie et d'être Un avec l'arbre, la nature, la vie, la création.

Quelque chose dans son regard se transformait en douceur et une étincelle de nouvelle lumière semblait l'habiter maintenant.

- Merci Noah. Merci.

Chapitre 7 - Encore d'autres exercices !

Noah répondit par un signe de la tête, en douceur et silencieusement, pour préserver le caractère presque magique de ce qui s'éveillait dans le regard de Marie-Douce.

Puis il reprit la parole en tournant à la page suivante de son cahier.

- Ah ! ici j'ai noté quelques recettes composées de mélanges d'huiles essentielles qui favorisent l'enracinement, le centrage, l'alignement, le sentiment de sécurité sur Terre, la confiance et l'estime de soi. Est-ce que ça t'intéresse?

- Quelle question Noah ! Bien sûr que ça m'intéresse !

- Alors voici ce que j'ai noté. Viens ici pour pouvoir les lire avec moi.

Chapitre 8

Des huiles essentielles qui favorisent l'enracinement, le centrage et l'alignement, la sécurité intérieure, la confiance et l'estime de soi sur Terre

Noah ajusta la position de son cahier pour que Marie-Douce puisse bien le voir. Il avait fait plusieurs dessins dans la marge et autour du texte. Ils ressemblaient à des ribambelles de plantes, de feuillages, de fleurs et de racines.

Ils semblaient entrelacés et reliés entre eux par des petits messages de gratitude que Noah avait écrits en les dessinant, comme des mercis du cœur envers ces cadeaux de la nature.

- Noah, avant de partager les recettes de ces mélanges, est-ce que tu pourrais me parler un peu des huiles essentielles?

- Bien sûr Marie-Douce ! Te souviens-tu de l'odeur d'un bouquet de roses ou de la lavande fleurie? Peux-tu te rappeler celle des pins et des sapins lorsque tu te promènes dans la nature?

- Oui... ce sont des parfums magnifiques qui me font du bien à chaque fois que je les respire.

- Les huiles essentielles sont les huiles naturelles qui contiennent les arômes et parfums que tu as sentis dans les roses, la lavande et l'odeur des arbres. Elles peuvent être obtenues à partir des fleurs, des racines, des feuillages, des aiguilles et même du bois des plantes.

- Et comment cela se fait-il?

- La plupart sont obtenues par un procédé utilisant la vapeur d'eau. C'est la méthode la plus douce pour extraire la plupart des huiles essentielles. Dans cette méthode, les fleurs ou plantes aromatiques sont enveloppées avec la vapeur d'eau qui en extrait délicatement l'huile essentielle. Elle peut ensuite être recueillie parce qu'elle flotte sur l'eau, et mise en petits pots. Lorsque les fleurs et plantes utilisées proviennent de culture biologique ou de culture sans pesticides, herbicides, fongicides ou autres produits semblables, les huiles essentielles obtenues peuvent être qualifiées « bio » ou « extra ».

Dans certains cas, l'huile essentielle peut être obtenue par pression à froid. Elle est alors appelée « essence ». C'est la méthode utilisée pour gratter et recueillir l'huile essentielle contenue dans le zeste des agrumes comme l'orange, le citron, la mandarine, le pamplemousse et la limette.

L'extraction de l'huile essentielle peut aussi être faite en faisant macérer les fleurs dans un solvant volatil comme l'hexane. Le solvant peut ensuite être évaporé et la pâte de fleurs qui reste est diluée avec de l'éthanol, filtrée et concentrée. L'huile essentielle ainsi obtenue est appelée « absolue ». C'est le procédé qui est le plus souvent utilisé pour recueillir les huiles essentielles contenues dans les parfums cosmétiques.

Avec les pétales de fleurs très délicates comme la rose ou le jasmin, l'huile essentielle peut être extraite avec de la graisse, par un procédé d'enfleurage. Dans cette méthode, les pétales de roses sont plongés à répétition dans un bain de graisse chaude, alors que les pétales de jasmin sont déposés sur une

Chapitre 8 - Des huiles essentielles qui favorisent l'enracinement, le centrage, l'alignement

plaque de graisse froide. La graisse extrait graduellement les huiles essentielles qui sont alors concentrées sous forme de « pommade ». Il faut environ 6.5 tonnes ou 5900 kg de pétales de roses pour obtenir un kilogramme d'huile essentielle de rose, et environ sept millions de fleurs de jasmin pour obtenir un kilogramme d'huile essentielle de jasmin!

- C'est impressionnant !

- Oui Marie-Douce. La concentration d'huile essentielle dans les fleurs et les plantes est très petite et il en faut de grandes quantités pour obtenir l'huile essentielle que nous pouvons utiliser, et chacune un arôme et ses propriétés uniques.

Dans les mélanges d'huiles essentielles proposés par le grand chêne et son ami Gabriel, il y a des huiles essentielles qui aident à s'enraciner, se centrer, s'aligner, des huiles qui aident à libérer le stress et les émotions, des huiles pour aider à mieux respirer et des huiles qui favorisent un état intérieur d'équilibre, de confiance et estime de soi.

Par exemple, l'huile essentielle du vétiver, du sapin blanc et du patchouli peuvent t'aider à t'enraciner les deux pieds sur Terre. Ce sont des plantes qui ont des racines puissantes et abondantes, et dont l'huile essentielle agit un peu comme un enseignant dans ton corps, pour t'aider à t'enraciner solidement toi aussi. Elles ont aussi des odeurs prononcées et assez corsées, et au début, c'est possible que tu n'apprécies pas ces odeurs si tu expérimentes une petite résistance à l'énergie d'enracinement. Mais plus ton enracinement sera puissant et solide, plus cette perception aura tendance à changer.

Les huiles essentielles de sapin baumier, de pin sylvestre, d'épinette, de lavande vraie et les agrumes comme la mandarine, l'orange douce et le citron peuvent t'aider à libérer le stress et apaiser tes émotions. L'angélique... quel joli nom, c'est comme si cette plante pouvait être un ange pour toi... peut t'aider surtout si tu as vécu des expériences avec beaucoup de peur, de grands stress, des traumatismes ou blocages émotionnels.

Il y a aussi des huiles essentielles qui aident à dégager les voies respiratoires pour mieux respirer, comme le sapin baumier et l'eucalyptus globuleux, et les huiles essentielles d'ylang-ylang, d'orange douce et de citron, de bois de rose, de basilic sacré et de jasmin qui favorisent l'équilibre intérieur, la confiance et l'estime de soi.

Noah tourna les pages de son cahier presque jusqu'à la fin. Il y avait glissé quelques feuilles écrites à la main, avec des mots-clés décrivant les caractéristiques et propriétés des fleurs et plantes qui étaient utilisées dans les mélanges d'huiles essentielles proposés par le grand chêne et Gabriel. Il avait fait ce résumé en consultant beaucoup de références à la bibliothèque.

Avec délicatesse, il tendit les feuilles à Marie-Douce.

- Si tu veux, je pourrai faire une photocopie de ce résumé et des mélanges d'huiles essentielles. Comme ça tu pourras le relire au moment approprié pour toi.

- Oh merci Noah !

Marie-Douce avait les yeux rivés sur le résumé. Elle ressentait un élan de gratitude pour la générosité de Noah et celle des fleurs, des plantes et de la Terre. Même si elle savait qu'elle pouvait relire ce document chez elle, elle laissait intuitivement son regard glisser vers quelques mots ici et là.

Chapitre 8 - Des huiles essentielles qui favorisent l'enracinement, le centrage, l'alignement

	Huiles essentielles	**Mots-clés symboliques et propriétés**
1.	Angélique archangélique *Angelica archangelica*	Renforce les racines, racines longues, solides et musclées, aspire aux cieux, inspiration, pensée noble, être aux anges, équilibre psychologique et nerveux, aide à libérer les traumas, s'épanouit en une puissante tige couronnée d'un bouquet de fleurs délicates, ramène au centre, aide à habiter son corps, éveille le courage, la volonté, la force intérieure, la confiance, la capacité de décision, le contact avec le divin, l'ouverture aux énergies angéliques, la bienveillance ressentie intensément. Note – il faut environ 200 kg de racines pour obtenir 1 kg d'huile essentielle
2.	Basilic sacré *Ocimum sanctum*	Dynamise, stimule la persévérance, le courage, la volonté, le dynamisme pour atteindre ses buts dans le respect de soi et des autres, inspire la modération, prudence pour rester centré, enthousiasme paisible, guérison relationnelle, sens de la pédagogie.
3.	Bergamote *Citrus bergamia*	Être fragile et réservé caché sous une peau lisse et épaisse, nature chaleureuse empreinte de délicatesse, calme l'agitation, le stress, l'anxiété et l'insomnie, aide le cœur à guérir lorsqu'il vit une grande tristesse et inspire la confiance pour ouvrir son cœur à nouveau, aide l'ouverture au ciel si elle a été fermée par la peine, oriente vers le rayonnement du bonheur, de la joie, transmission de la guérison.
4.	Bois de rose *Aniba roseodora*	Favorise la circulation de l'énergie dans le corps de façon très fluide et très douce, accompagne la régénération nerveuse et la récupération de la fatigue et du surmenage, inspire un sentiment de calme intérieur, prépare un travail spirituel, ouverture au divin, support du parfum divin.
5.	Camomille romaine *Anthemis nobilis*	Noblesse, sentiment d'harmonie et de sécurité intérieure apporté par la douceur, calme les esprits et apaise l'agitation, les chocs nerveux, le sentiment d'abandon, le stress et les états de dépression, invite à un état de détente profonde et à un sentiment de paix avec soi-même, favorise la créativité et l'action au plan physique, émotionnel et spirituel, inspire

S'enraciner les deux pieds sur Terre

	Huiles essentielles	**Mots-clés symboliques et propriétés**
	Camomille romaine (suite)	l'expression de soi et de sa vérité spirituelle suprême. Note – il faut environ 175 kg de capitule pour obtenir 1 kg d'huile essentielle
6.	Citron............ *Citrus limon*	Apporte un effet tonique et purificateur, nettoie les émotions négatives et influences néfastes, désinfecte et assainit, collabore aux périodes de nouvel équilibre et de rafraîchissement, agit comme catalyseur pour une pensée claire, légère, joyeuse et une meilleure concentration.
7.	Jasmin absolue.......... *Jasminum grandiflorum*	Grâce, absolu, symbole de pureté de l'énergie féminine établie sur des bases solides et vigoureuses, inspire à l'unité des opposés yin et yang, à l'unité de la force et la douceur, s'épanouit en offrant des fleurs et odeurs délicates et précieuses pour aromatiser et parfumer l'essence de la vie, inspire le développement spirituel, l'élévation de conscience, l'unification de l'Amour physique et divin, sensibilité artistique, élégance, arôme angélique. Note - il faut environ 7 millions de fleurs pour obtenir 1 kg d'huile essentielle
8.	Laurier noble............. *Laurus nobilis*	Symbole de noblesse et d'immortalité, force tranquille qui agit et consolide la structure et le plexus solaire (centre du pouvoir), favorise l'équilibre pour prendre sa place et assumer sa liberté, pour traverser les passages de façon calme et réfléchie, pour rassembler les conditions spirituelles favorables à la victoire, à la gloire, à l'expression douce et puissante de Soi, confiance en la vie, renommée, triomphe. Note – il faut environ 65 kg de feuilles pour obtenir 1 kg d'huile essentielle
9.	Lavande vraie............ *Lavandula augustifolia*	Présence fleurie et agréable, équilibre et calme l'agitation liée aux conflits de pouvoir et relations interpersonnelles, apaise l'anxiété, le stress, la colère et l'énervement, repos, calme, respiration profonde, équilibre physique, spirituel

Chapitre 8 - Des huiles essentielles qui favorisent l'enracinement, le centrage, l'alignement

Huiles essentielles	**Mots-clés symboliques et propriétés**
Lavande vraie (suite)	et énergétique, vérité et transparence, régénération de l'expression de soi, harmonie intérieure pour intégrer la spiritualité au quotidien.

Note – il faut environ 160 kg de fleurs pour obtenir 1 kg d'huile essentielle

10. Mandarine rouge......
Citrus reticulata

Contact avec la sécurité intérieure, purifie et apporte une atmosphère de fraîcheur, de douceur, de détente et réconfort, rassure et modère les réactions extrêmes, sécurité intérieure pour les communications et relations interpersonnelles, apaise le système nerveux et la sensibilité, être présent au ici et maintenant, se reconnecter à l'enfant intérieur, retrouver la joie de vivre dans l'innocence, la gaieté et l'ouverture d'esprit enfantine, aime la chaleur confortable, petit arbre, simple.

11. Myrte vert à cinéole..
Myrtus communis

Inspire le courage pour transformer les perceptions des problèmes et conflits et retrouver un état d'harmonie, de calme psychique, de joie et amour universel, développe des bases et structures bien affirmées, favorise la prévention et le repos nécessaire pour la purification émotionnelle, collabore à la libération des dépendances destructrices, des sentiments négatifs et blessures du passé, fleurs pures et aromatiques, fraîcheur pénétrante.

Note – il faut environ 400 kg de plante pour obtenir 1 kg d'huile essentielle

12. Orange douce............
Citrus sinensis

Invite à la limpidité et la fluidité pour couler avec la vie, harmonise et purifie, remonte le moral, favorise le renouveau de l'émerveillement, joie, gaieté, créativité, intuition, simplicité d'être et d'action, communications colorées et transparentes, purification des émotions lourdes de colère, disputes, anxiété et la négativité, collabore à la réparation des déchirures, au lâcher-prise et à détendre l'atmosphère, arôme de douceur fruitée qui apaise.

S'enraciner les deux pieds sur Terre

	Huiles essentielles	Mots-clés symboliques et propriétés
13.	Patchouli *Pogostemon cablin*	Renforce et recentre les bases, stabilité et enracinement très profond dans la Terre, aide à se déposer les deux pieds sur Terre et à se concentrer lorsque la tendance est de "flotter dans les nuages", aide l'esprit à s'orienter vers l'avenir avec sérénité, fidélité à ses convictions et réconciliation avec ses origines, courage pour exprimer ses émotions calmement et dissoudre les peurs, le doute et le manque de confiance en soi, acceptation de son individualité, désir de dépasser ses limites, trouver un deuxième souffle et la force intérieure pour calmer l'agitation mentale au contact de la réalité de vie sur Terre, ajoute de la sensualité et de la fantaisie pour se recentrer et habiter son corps, stimule la volonté de vivre.
14.	Pin ponderosa *Pinus ponderosa*	Développe des racines profondes et épanouies pour supporter les périodes de sécheresse ou difficiles à traverser, solidement enraciné pour être capable de vivre à haute altitude, s'élève droit vers le ciel avec intégrité, favorise la rééquilibration nerveuse et la relaxation.
15.	Pin sylvestre *Pinus sylvestris*	Favorise l'enracinement et la respiration libre, apporte à la vie des touches de douceur, de finesse, de sensations agréables, de purification, sensations énergiques de bien-être spirituel et physique, collabore à l'accélération de la guérison du corps physique, nettoyage des endroits sacrés pour soi et nettoyage après l'exposition aux foules. Note – il faut environ 550 kg d'aiguilles pour obtenir 1 kg d'huile essentielle
16.	Romarin à verbénone *Rosmarinus officinalis*	Favorise la régulation et l'équilibre intérieur, maîtrise émotionnelle et confiance en soi physique, psychique et spirituelle, pensée vive, stimule le cerveau et l'activité mentale, clarté spirituelle, vision nette, clairvoyance, éveille la confiance dans la protection spirituelle, contribue à la protection psychique, protection et nettoyage de maison. Note – il faut environ 60 kg de rameaux fleuris pour obtenir 1 kg d'huile essentielle

Chapitre 8 – Des huiles essentielles qui favorisent l'enracinement, le centrage, l'alignement

	Huiles essentielles	**Mots-clés symboliques et propriétés**

17. **Sapin baumier**............ Favorise l'enracinement et des bases solides, droites et bien alignées avec le ciel, odeur douce tonique et stimulante qui favorise une respiration profonde, collabore à la libération des états dépressifs physiques et psychiques, à la libération des dépendances en synergie avec le myrte vert et la bergamote, réanime le contact avec la nature et une nouvelle énergie d'action et de régénération.
    Abies balsamea

18. **Sapin blanc**................ Conscience du support riche et solide de la nature et de la Vie et de l'éternité, éveille le sentiment d'enracinement, d'ancrage et de puissance personnelle en ayant les deux pieds sur Terre, favorise un enracinement puissant et des bases solides bien alignées avec le ciel, pureté de droiture et intégrité, aide à se sentir protégé, solide avec soi-même et à reconnaître sa grandeur d'être, raffinement d'une rareté privilégiée aux couleurs de la paix, odeur douce et tonique qui favorise une respiration profonde et l'adaptabilité.
    Sapin du Colorado
    Abies concolor

19. **Sapin Douglas**............ Favorise l'enracinement et des bases solides, droites et bien alignées avec le ciel, révèle une personnalité tendre cachée sous son écorce, aide à se sentir à l'abri, protégé, dans un cocon de récupération et de régénération, aide à se libérer de ce qui empêche de respirer et se sentir libre, éveille la conscience de la grandeur d'être, de la paix, de l'éternité, d'un support riche et solide de la nature, de la Vie, utilisé pour la purification des locaux, odeur douce et tonique qui favorise une respiration profonde.
    Pseudotsuga douglasii

20. **Sapin géant**............... Favorise l'enracinement profond et des bases solides bien alignées avec le ciel, révèle la droiture et la grandeur de l'être et de la création, éveille un sentiment d'émerveillement, de protection et de contact avec l'éternité, collabore à la libération des sentiments dépressifs physiques et psychiques, à la libération des dépendances en synergie avec le myrte vert et la bergamote, à l'émergence de nouvelles énergies d'action, de récupération et de régénération, de paix intérieure et de conscience de Soi, favorise une respiration profonde, tonique et régénératrice.
    Abies gigantis

S'enraciner les deux pieds sur Terre

	Huiles essentielles	**Mots-clés symboliques et propriétés**

21. Sapin Hemlock.......... Favorise l'enracinement et des bases solides bien alignées
    Pruche   avec le ciel, révèle la droiture et légèreté de l'être, liberté
    Tsuga canadensis   de respirer à son rythme, accompagne la libération
                            des sentiments dépressifs physiques et psychiques, et
                            l'émergence d'une force intérieure tonique pour choisir
                            la vie, accompagne les passages de la vie, les naissances
                            et renaissances, l'accueil de la vie, la douceur envers soi-
                            même, la conscience de l'ouverture à Soi, du contact avec
                            la nature et la Vie.

22. Vétiver   Favorise un enracinement profondément ancré dans le sol
    Vetiveria zizanoides avec des racines puissantes, longues, résistantes, transmet
                            l'énergie des forces telluriques pour recentrer et ramener
                            les deux pieds sur Terre, protège de la sensibilité excessive
                            et des structures vulnérables aux forces extérieures,
                            encourage le mouvement intérieur dans le sens de la vie,
                            transforme le sentiment d'éponge et protège des déchets
                            psychiques provenant des autres, apporte un effet apaisant
                            et calmant pour retrouver le sentiment de certitude et
                            de sécurité intérieure, reprendre contact avec son corps,
                            concrétiser ses objectifs par une action équilibrée et très
                            efficace, unifier l'intégrité physique et spirituelle.

    Note – il faut environ 40 kg de racines pour obtenir 1 kg d'huile essentielle

23. Ylang Ylang (totum)... Sentiment et état d'équilibre intérieur, éveille un sentiment
    Cananga odorata   de sécurité, de calme intérieur et une nouvelle paix,
                           décrispe en cas de stress, angoisses, peurs, phobies et états
                           dépressifs, aide à libérer les sentiments et émotions de
                           colère, frustration et culpabilité, favorise l'expression et la
                           communication, note tonique, généreuse, joyeuse, légère
                           et optimiste de la vie.

    Note – il faut environ 75 kg de fleurs pour obtenir 1 kg d'huile essentielle

Chapitre 8 - Des huiles essentielles qui favorisent l'enracinement, le centrage, l'alignement

- Wow Noah ! C'est génial !

En la remerciant par un sourire, Noah lui fit signe d'aller à la dernière page.

- Sur la dernière page, j'ai noté aussi quelques consignes et précautions pour l'utilisation des huiles essentielles. Ce sont des produits extrêmement concentrés et les composantes des huiles essentielles peuvent avoir des effets puissants sur le corps et la santé.

Pour les utiliser de façon efficace et sécuritaire, elles sont presque toujours diluées en petite quantité dans de l'huile végétale. Rappelle-toi que chaque goutte contient l'arôme et les composantes provenant de centaines ou de milliers de fleurs, de feuilles, d'aiguilles ou de racines! La nature elle-même les fabrique et les emmagasine à des concentrations très petites et parfois minuscules!

… Regarde, ici j'ai écrit un petit résumé des précautions et consignes de prudence pour utiliser sagement les huiles essentielles.

Consignes d'utilisation des huiles essentielles

1. La plupart du temps, elles sont utilisées « pour usage externe », c'est-à-dire par le contact avec la peau. Il est très important de diluer les huiles essentielles dans de l'huile végétale avant de les appliquer sur la peau pour éviter des réactions d'allergies cutanées, de l'irritation, ou des réactions toxiques dues à la concentration trop élevée. Généralement, les mélanges dilués contiennent 1-10% d'huile essentielle et parfois un maximum pouvant aller jusqu'à 20% d'huile essentielle. Seules les huiles essentielles de lavande et « tea tree » peuvent être utilisées directement sur la peau.

2. Dans certains cas, elles sont utilisées « pour usage interne » avec l'avis et le suivi d'un spécialiste en aromathérapie et un médecin. La concentration élevée des huiles essentielles pures peut être toxique et certaines peuvent causer la mort.

3. Certaines huiles essentielles peuvent être diffusées dans l'air avec un diffuseur. La période recommandée est de 5-30 minutes par jour. Éviter de saturer l'air, car les huiles essentielles diffusées en quantité trop élevée peuvent irriter les yeux ou les voies respiratoires.

4. Pour une inhalation humide, verser quelques gouttes d'huiles essentielles qui favorisent la décongestion des voies respiratoires dans un bol d'eau chaude et respirer les vapeurs avec une serviette sur la tête.

5. Pour une inhalation sèche décongestionnante, verser quelques gouttes d'huiles essentielles qui favorisent la décongestion des voies respiratoires sur un mouchoir propre et respirer profondément.

6. Pour les utiliser dans un bain, diluer les huiles essentielles dans de l'huile végétale et un dispersant comme le Solubol, le lait, un œuf, de l'alcool ou un bain moussant neutre, parce qu'elles ne sont pas solubles dans l'eau.

7. Respecte les consignes d'utilisation !

Précautions et consignes de sécurité avec les huiles essentielles
1. Garder hors de la portée des enfants.

2. Ne pas utiliser avec les jeunes enfants (moins de 7 ans).

3. Ne pas utiliser pour les femmes enceintes ou en allaitement. Les huiles essentielles traversent le placenta et sont transmises par le lait maternel.

4. Ne pas appliquer sur la peau avant d'aller au soleil lorsque les huiles essentielles contiennent des coumarines. Ces composantes naturelles présentes dans certaines huiles essentielles sont photo-sensibilisantes, c'est-à-dire qu'elles réagissent avec la lumière du soleil et peuvent occasionner des réactions cutanées parfois graves.

5. Ne pas appliquer d'huiles essentielles pures sur la peau. Cela permet d'éviter des réactions dermocaustiques comme l'irritation, les rougeurs ou des réactions d'intoxication. Seules les huiles essentielles de lavande et « tea tree » peuvent être utilisées directement sur la peau.

6. Ne pas appliquer d'huiles essentielles pures sur les régions génitales, anales, les yeux ou les oreilles.

7. Déconseillé aux personnes allergiques, qui ont des affections graves ou insuffisances rénales. Consulter un spécialiste en aromathérapie ou un

Chapitre 8 – Des huiles essentielles qui favorisent l'enracinement, le centrage, l'alignement

médecin avant d'utiliser les huiles essentielles.

8. En cas de contact accidentel avec les yeux, utiliser un tampon démaquillant ou une ouate imbibée d'huile végétale pour essuyer l'œil et mettre 1-3 gouttes d'huile végétale dans l'œil pour soulager l'irritation.

9. En cas d'absorption accidentelle, boire de l'huile végétale (pas d'eau) ou avaler 2-3 capsules de charbon activé avec un grand verre d'eau et consulter immédiatement un centre antipoison ou un médecin.

10. Conserver à l'abri de la lumière et de la chaleur.

11. Bien lire les étiquettes et dépliants d'information !

Marie-Douce remit les feuilles de notes à Noah.

- Si je comprends bien, les huiles essentielles sont de précieux cadeaux de la nature pour m'aider à m'enraciner, me centrer, m'aligner, me sentir en sécurité sur la Terre et pour favoriser un état d'équilibre, de confiance et d'estime de moi... si elles sont utilisées avec sagesse.

- Oui Marie-Douce. Je vais maintenant te montrer les recettes et recommandations pour les mélanges d'huiles essentielles proposés par le grand chêne et Gabriel.

Après avoir lu les notes sur les précautions, les consignes de sécurité et les consignes d'utilisation des huiles essentielles, tu comprends maintenant pourquoi il est **très important** que tu demandes **l'aide d'un adulte ou d'un spécialiste en aromathérapie pour préparer ces mélanges**.

Ensuite tu pourras les utiliser en suivant les consignes qui accompagnent chaque mélange, car elles tiennent compte des propriétés et caractéristiques de chaque huile essentielle présente dans le mélange.

Noah déposa son cahier sur les genoux de Marie-Douce, qui se mit à lire les recettes à voix haute.

Formule « Enfant indigo [2] » *par Diane Leblanc, n.d. une amie du grand chêne.*
Ce mélange d'huiles essentielles peut être approprié pour toi si tu expérimentes des difficultés de concentration, d'attention, des problèmes d'hyperactivité ou d'agitation.

- 2 ml huile essentielle de lavande vraie (*lavandula angustifolia*)
- 2 ml huile essentielle de mandarine (*citrus reticulata*)
- 1.5 ml huile essentielle de bois de rose (*aniba roseodora*)
- 1 ml huile essentielle de romarin verbénone (*rosmarinus officinalis verbenoniferum*)
- 0.5 ml huile essentielle de patchouli (*pogostemon cablin*)
- 50 ml huile végétale de première pression à froid
  (ricin et/ou arachide et/ou amande douce)

- Mélange bien tous les ingrédients.
- Tu peux appliquer une à deux (1-2) gouttes sous la plante de tes pieds le matin et le soir, en massant pour faire pénétrer.
- Au besoin durant la journée, tu peux aussi appliquer une (1) goutte sur la peau à l'intérieur des poignets.
- En cas de crise d'agitation ou de colère, tu peux appliquer trois à cinq (3-5) gouttes sur l'abdomen et faire pénétrer en massant sur toute la poitrine, le plexus solaire et le ventre.
- Respire profondément.

Formule « Enracinement et sécurité sur Terre »
Ce mélange d'huiles essentielles peut être approprié pour toi si tu ressens de la peur ou de l'angoisse d'être sur la Terre, si tu as besoin de prendre ta place et d'assumer ta liberté d'être qui tu es, si tu ressens le besoin de réconfort et de douceur intérieure pour ramener l'harmonie et la paix en toi après avoir vécu des expériences difficiles pour toi.

- 1 ml d'huile essentielle de sapin blanc/Colorado bio (*abies concolor*)
- 1 ml d'huile essentielle de laurier noble bio (*laurus nobilis*)
- 1 ml d'huile essentielle de bois de rose bio (*aniba roseodora*)
- 1 ml d'huile essentielle d'orange douce bio (*citrus sinensis*)
- 0.5 ml d'huile essentielle de lavande vraie extra (*lavandula augustifolia*)
- 0.5 ml d'huile essentielle d'angélique archangélique extra (*angelica archangelica*)
- 35 ml d'huile d'amande douce bio pressée à froid

Chapitre 8 - Des huiles essentielles qui favorisent l'enracinement, le centrage, l'alignement

- Mélange bien tous les ingrédients.
- Ce mélange contient 12.5 % d'huiles essentielles.
- Tu peux appliquer une à deux (1-2) gouttes sous la plante de tes pieds le matin et le soir, en massant doucement pour le faire pénétrer.
- Respire calmement en amenant ton attention dans ton cœur.
- Continue de respirer et d'agir avec douceur envers toi-même.

Formule « Enracinement et confiance en soi »

Ce mélange d'huiles essentielles peut être approprié pour toi si tu expérimentes des difficultés de concentration et d'attention, si tu as besoin de faire grandir ton sentiment de sécurité et de calme intérieur pour avancer et réaliser tes objectifs ou pour exprimer qui Tu es, ou si tu as besoin d'apaiser le sentiment de stress nerveux pour faire grandir ta confiance et estime de toi, en gardant les deux pieds sur Terre.

1.5 ml d'huile essentielle de citron bio (*citrus limon*)
1   ml d'huile essentielle de vétiver bio (*vetiveria zizanoides*)
1   ml d'huile essentielle de bois de rose bio (*aniba roseodora*)
1.   ml d'huile essentielle de camomille romaine extra (*anthemis nobilis*)
0.5 ml d'huile essentielle de basilic sacré extra (*ocimum sanctum*)
35 ml d'huile d'amande douce bio pressée à froid

- Mélange bien tous les ingrédients.
- Ce mélange contient 12.5 % d'huiles essentielles.
- Tu peux appliquer une à deux (1-2) gouttes sous la plante de tes pieds le matin en massant doucement pour le faire pénétrer.
- Respire calmement en amenant ton attention dans ton cœur.
- Continue de respirer et d'agir avec douceur envers toi-même.

Formule « Enracinement, calme et paix avec soi »

Ce mélange d'huiles essentielles peut être approprié pour toi si tu as tendance à être trop exigeant envers toi-même, si tu as besoin de motivation pour dépasser les limites reliées au stress, pour apaiser les sentiments d'angoisse et d'anxiété et faire confiance à ta force intérieure, si tu as besoin d'équilibrer ta force et ta douceur, ou si tu peux bénéficier d'un encouragement à faire grandir ta confiance et estime de toi, en gardant les deux pieds sur Terre.

2   ml d'huile essentielle de bois de rose bio (*aniba roseodora*)
1.5 ml d'huile essentielle de jasmin absolu (*jasmin grandiflorum*)
1   ml d'huile essentielle de Patchouli extra (*pogostemon cablin*)
1   ml d'huile essentielle de lavande vraie extra (*lavandula augustifolia*)
0.5 ml d'huile essentielle d'ylang-ylang bio (*cananga odorata*)
40   ml d'huile d'amande douce bio pressée à froid

- Mélange bien tous les ingrédients.
- Ce mélange contient 13 % d'huiles essentielles.
- Tu peux appliquer une à deux (1-2) gouttes sous la plante de tes pieds le matin en massant doucement pour le faire pénétrer.
- Respire calmement en amenant ton attention dans ton cœur.
- Continue de respirer et d'agir avec douceur envers toi-même.

Formule « Enracinement, centrage, alignement pour l'apprentissage »

Ce mélange d'huiles essentielles peut être approprié pour t'aider à t'enraciner les deux pieds sur Terre, te centrer dans ton cœur, favoriser l'équilibre des hémisphères de ton cerveau et pour trouver une vision optimiste de la vie. Cette combinaison peut être bénéfique pour favoriser un état propice à l'apprentissage, pour t'aider à apprendre avec le cœur, pour t'aider à prendre conscience de la grandeur de la création et de qui Tu es.

1   ml d'huile essentielle de vétiver bio (*vetiveria zizanoides*)
1   ml d'huile essentielle de sapin géant bio (*abies gigantis*)
1   ml d'huile essentielle d'orange douce bio (*citrus sinensis*)
1   ml d'huile essentielle de citron bio (*citrus limon*)
0.5 ml d'huile essentielle de jasmin absolu (*jasmin grandiflorum*)
0.5 ml d'huile essentielle de basilic sacré extra (*ocimum sanctum*)
35   ml d'huile d'amande douce bio pressée à froid

- Mélange bien tous les ingrédients.
- Ce mélange contient 12.5 % d'huiles essentielles.
- Tu peux appliquer une à deux (1-2) gouttes sous la plante de tes pieds le matin en massant un tout petit peu pour faire pénétrer avec beaucoup de douceur.
- Avant de concentrer ton attention sur des apprentissages, tu peux aussi en mettre une (1) goutte sur tes poignets en massant un tout petit peu pour faire pénétrer avec beaucoup de douceur, en te rappelant que tu es un Être

merveilleux et que ta valeur vient de qui Tu Es, et que tu peux maintenant avoir confiance en toi.
- Respire calmement en amenant ton attention dans ton cœur.
- Continue de respirer et d'agir avec douceur envers toi-même.

Formule « Enracinement et équilibre puissance et douceur »

Ce mélange d'huiles essentielles peut être approprié pour toi si tu as besoin d'un enracinement puissant et profond, si tu as besoin de te recentrer et te réaligner dans ton intégrité et ta droiture de cœur, si tu as besoin de paix intérieure, si tu as besoin de respirer calmement, si tu as besoin de reprendre contact avec ta pureté intérieure et si tu as besoin d'un petit support pour te libérer de la dépendance, pour ouvrir ton cœur et ressentir plus de joie.

1.5 ml d'huile essentielle de sapin géant bio (*abies gigantis*)
1 ml d'huile essentielle de sapin blanc/Colorado bio (*abies concolor*)
1 ml d'huile essentielle de sapin baumier bio (*abies balsamea*)
1 ml d'huile essentielle de pin sylvestre extra (*pinus sylvestris*)
1 ml d'huile essentielle de bergamote extra (*citrus bergamota*)
1 ml d'huile essentielle de myrte verte extra (*myrtus communis cineoliferum*)
0.5 ml d'huile essentielle de sapin de Douglass extra (*pseudotsuga douglasii*)
0.5 ml d'huile essentielle d'épinette noire bio (*picea mariana*)
0.5 ml d'huile essentielle de pin ponderosa bio (*pinus ponderosa*)
65 ml d'huile d'amande douce bio pressée à froid

- Mélange bien tous les ingrédients.
- Ce mélange contient 12.3 % d'huiles essentielles.
- Tu peux appliquer une à deux (1-2) gouttes sous la plante de tes pieds le matin en massant un tout petit peu pour faire pénétrer avec beaucoup de douceur. Si tu vis une expérience de grand stress où tu as de la difficulté à respirer calmement, tu peux en mettre 1 goutte sur ton cou et respirer en amenant ton attention dans ton cœur.
- Rappelle-toi que tu es un Être merveilleux et que tu peux avoir confiance en toi et en ta sagesse intérieure.
- Elle te guide vers ce qui est bien et bon pour toi, et tu peux le ressentir par un sentiment de paix et d'intégrité dans ton cœur.
- Continue de respirer et d'agir avec douceur envers toi-même.

Dans un geste solennel, Marie-Douce remit le cahier à Noah. Elle ferma les yeux un instant, s'amusant à imaginer l'odeur et l'arôme des huiles essentielles proposées dans ces mélanges. Elle avait hâte de les expérimenter.

Noah, amusé, lui demanda ensuite si elle aimerait expérimenter une petite fantaisie aux couleurs de l'enracinement.

- Une petite fantaisie ! Ça me plaît ! De quoi s'agit-il?

- Tu peux mettre un morceau de tissus rouge dans le fond de tes souliers ou des bas rouges pour la journée ou pour dormir ! Tu peux même porter des souliers ou des pantalons rouges. L'idée est de porter la couleur rouge le plus près possible de tes pieds et tes jambes, par lesquels tes belles racines se déploient vers la Terre.

- Est-ce que je peux le visualiser aussi? Par exemple, je pourrais imaginer que les semelles de mes souliers sont rouges, même si elles sont d'une autre couleur.

- Tu es un Être merveilleux et tu es créatrice Marie-Douce ! C'est le genre d'expérience créative que tu peux faire en toute sécurité, alors amuse-toi et tu m'en donneras des nouvelles !

Chapitre 8 - Des huiles essentielles qui favorisent l'enracinement, le centrage, l'alignement

Chapitre 9

Des exercices physiques

Après un éclat de rire relaxant et rafraîchissant, Marie-Douce et Noah s'offrirent une petite pause silence.

Le mouvement du vent était comme une douce caresse qui venait les envelopper de réconfort. Après un moment, Noah se retourna vers Marie-Douce.

- J'ai envie de bouger un peu. Est-ce que tu aimerais faire quelques exercices pour prendre conscience de ton corps et t'aider à t'enraciner les deux pieds sur Terre?

- Oui.

- J'ai découvert plusieurs exercices de yoga, tai-chi, Qi Gong, Brain Gym™, mouvement fondamental, mouvements d'éveil corporel, etc. qui peuvent être très bénéfiques pour s'enraciner, se centrer, s'aligner et pour équilibrer la circulation de l'énergie dans notre corps.

- C'est génial ! J'aime bien ce genre d'exercices. Tante Gabrielle m'en a déjà montré quelques un. Elle m'encourageait à faire les mouvements lentement, avec douceur pour mon corps et à prendre conscience de ce qui se passait en moi en faisant ces mouvements. C'est amusant d'observer les sensations, images et sons qui émergent en faisant ces exercices.

J'ai observé qu'en faisant les mouvements lentement et consciemment, je pouvais être à l'écoute de mon corps et de ses messages. Il m'est même arrivé de ressentir des douleurs ou des émotions dont j'ignorais la présence dans mon corps jusqu'à ce moment-là.

- Et qu'est-ce que tu as fait lorsque tu as ressenti ces douleurs ou émotions?

- Eh bien, j'ai suivi les conseils de tante Gabrielle. J'ai commencé par observer ces douleurs et émotions dans mon corps. J'ai observé ma respiration. Quand je me sens vraiment bien, ma respiration est calme, lente et profonde. Quand je ressens de la douleur ou certaines émotions, je respire différemment. Alors j'observe pour découvrir ce qu'elle me raconte.

J'ai ramené mon attention dans mon cœur parce que lorsque je ne me sens pas bien, c'est facile d'éparpiller mon attention et ma concentration. Ensuite, j'ai respiré avec douceur dans les parties de mon corps où j'avais du mal. Avec l'intention et l'énergie du coeur, je respire parfois les mots « pardon », « amour-lumière », « guérison », « libération » , « compassion » ou « paix » dans les régions de mon corps où je ressens de la douleur. C'est un peu comme si j'amenais un souffle d'harmonie dans mon corps et mes émotions par la compassion et la douceur.

- Magnifique... tout simplement magnifique !

- Merci !

- Alors les mots clés pourraient être : faire les exercices lentement et consciemment, observer, écouter les messages du corps, respirer, aimer et traiter son corps avec compassion et douceur.

- Et dire merci ! J'aime mon corps !

En disant cela, Marie-Douce se mit à rire joyeusement!

Chapitre 9 - Des exercices physiques

- Eh bien Noah, je suis prête pour découvrir les exercices que tu me proposes.

Noah reprit son cahier et tourna les pages délicatement, jusqu'à une page remplie de petits dessins avec des bonshommes allumettes.

- Wow Noah ! C'est toi qui as dessiné tout ça, s'exclama Marie-Douce en apercevant les exercices que Noah avait dessinés.

- Oui, je les ai dessinés parce que c'était plus facile pour m'en rappeler et les pratiquer jusqu'à ce que mon corps les ait bien intégrés. Cela m'aide et m'encourage à faire des exercices pour faire bouger les articulations principales et favoriser une bonne circulation de l'énergie dans mon corps. Quand je fais ces exercices, je me sens mieux avec moi-même et je sens que cela a un effet positif sur ma confiance et estime de moi.

Marie-Douce continuait de regarder la page remplie de dessins dans le cahier de Noah.

- Tu as mis des titres à chaque exercice !

- Oui ! C'est un autre petit truc pour m'en rappeler plus facilement. Et je les ai aussi regroupés selon leurs effets sur le corps et la santé. Tu vois, lui dit Noah en montrant les grands titres écrits au début de chaque groupe d'exercices, il y a des exercices de préparation pour te déposer doucement et prendre conscience de ton corps et de ta respiration.

Il y a des mouvements de rotation des articulations principales, c'est-à-dire le cou, les épaules, les coudes, les poignets, les hanches, les genoux et les chevilles. Ces mouvements favorisent la souplesse des articulations et une bonne circulation de l'énergie dans ton corps.

Il y a des mouvements d'étirement pour toutes les parties de ton corps. Ces mouvements permettent à ton corps de s'épanouir avec souplesse et ouverture à la vie. Ils favorisent aussi la relaxation et la détente de ton corps en libérant doucement le stress et les tensions reliées à la fatigue physique, émotionnelle, mentale et énergétique.

Il y a des mouvements croisés et des mouvements d'harmonisation des hémisphères du cerveau qui permettent d'établir un contact entre le côté gauche et le côté droit de ton corps. Cela favorise une meilleure communication entre les deux hémisphères de ton cerveau et entre le cerveau et ton coeur pour faciliter l'état de cohérence cardiaque.

Il y a les exercices d'enracinement, centrage et alignement qui aident à développer une meilleure capacité d'attention, de concentration, de présence « ici et maintenant », et d'accueil des nouveaux apprentissages. Ils t'aident aussi à avoir les deux pieds sur Terre, être centré dans ton cœur et orienter ton attention vers l'avant et ce qui est bien et bon pour toi.

Il y a aussi des mouvements de tapotements qui favorisent une circulation fluide de l'énergie dans ton corps et qui aident à dé cristalliser l'énergie stagnante ou bloquée dans les régions sensibles ou douloureuses de ton corps.

Il a des mouvements de vibration qui renforcent la structure de ton corps, tes os, muscles et tendons. Ils favorisent également une meilleure circulation sanguine vers les extrémités de tes pieds et tes mains, et la libération du stress accumulé dans ton corps.

Et finalement, il y a des mouvements relaxants et amusants qui favorisent un état de calme, de détente, et une meilleure présence de ton attention et ta concentration pour l'apprentissage ou ce que tu veux réaliser.

Après la description des exercices, j'ai mis un petit tableau récapitulatif regroupant tous les exercices selon leurs effets positifs et bénéfiques pour le corps, l'énergie et la vitalité, ainsi que pour l'équilibre de vie. Tu y trouveras aussi quelques exercices pour aider à te libérer des toxines, de la fatigue, du stress, des tensions et de l'énergie stagnante provenant des blocages ou résistances à une bonne circulation de l'énergie dans ton corps.

Noah déposa son cahier devant lui et invita Marie-Douce à faire les exercices pieds nus dans l'herbe réchauffée par le soleil.

Chapitre 9 – Des exercices physiques

| EXERCICE DE PRÉPARATION | EFFET + | DESCRIPTION |

1. Respiration consciente.................. Conscience du corps

Debout
1. Prendre conscience de son corps. Marcher lentement et observer comment les pieds se déposent sur le sol, leur appui, comment ils se relèvent pour le pas suivant. Observer ce qui se passe dans le corps en avançant d'un pas à l'autre, le transfert de poids, le mouvement du bassin, etc.

Couché sur le dos
1. Prendre conscience de son corps, des points de contact sur le sol pour le côté gauche du corps et pour le côté droit.

Debout ou couché sur le dos
2. bserver les réactions de certaines parties du corps qui compensent lorsque d'autres sont étirées ou contractées.
3. Observer le chemin de l'inspiration dans le corps, jusqu'où va la respiration, et le chemin de l'expiration.
4. Observer la fluidité du parcours de la respiration, les résistances, les blocages, les compensations.
5. Observer les mouvements intérieurs.
6. Observer les parties ou espaces du corps qui sont souples, rigides, etc.
7. Observer les parties ou espaces du corps qui sont confortables, douloureuses, etc.
8. S'il y en a, accueillir les douleurs « oui, en ce moment je ressens du mal » et continuer à respirer en douceur.
9. Respirer « Amour-lumière » et « pardon » dans la région douloureuse.
10. Laisser cette région te parler de ce qu'elle retient... des images, sons, sensations, émotions, souvenirs...
11. Continuer de respirer et d'accueillir jusqu'à ce que la douleur soit libérée
12. Respirer « merci ».
13. Respirer avec douceur envers soi. Prendre conscience du corps, des ressentis, des images, des sons, des perceptions conscientes de cet accueil de la vie qui vibre dans le corps.
14. Observer les changements qui prennent place doucement, guidés par l'intelligence cellulaire innée et enregistrés par le cerveau qui évolue vers des postures et mouvements intérieurs plus sains en laissant aller graduellement les vieilles habitudes, attitudes, émotions, postures, tensions...

S'enraciner les deux pieds sur Terre

EXERCICES DE ROTATION
Rotation - debout

| | EFFET + | DESCRIPTION |

2. **Rotation de la tête** .... Diminue les tensions dans le cou et les épaules

   Aide à libérer la rigidité des maux de tête

1. Pieds écartés à la largeur des épaules, mains sur les hanches.
2. Faire des rotations complètes de la tête, avec le menton le plus bas possible vers l'avant, et une inclinaison légère en tournant la tête vers l'arrière. Faire 10 fois de chaque côté.
3. Faire des demi-cercles en déposant successivement la tête sur chaque épaule. Refaire 10 fois de chaque côté.
4. Incliner lentement la tête vers l'avant et vers l'arrière. Refaire 10 fois

3. **Rotation des épaules - Avant-arrière** ..... Diminue la tension dans les épaules

   Ouvre la respiration

   Circulation sanguine

1. Pieds écartés à la largeur des épaules, bras détendus.
2. Relever les épaules et les ramener vers l'arrière : inspire. Revenir à la position de départ : expire. Refaire 10 fois.
3. Relever les épaules et les ramener vers l'avant : inspire. Revenir à la position de départ : expire. Refaire 10 fois.

4. **Rotation des épaules - Côté** .... Diminue la tension dans les épaules

   Ouvre la respiration

   Circulation sanguine

1. Lever les bras de chaque côté et faire 10 rotations, avec un bras allant vers l'avant et l'autre vers l'arrière.
2. Refaire 10 fois en sens inverse.
3. Allonger les bras à l'horizontale de chaque côté. Rebondir 10 fois.
4. Joindre les mains sur le côté arrière de la tête et étirer 10 fois.
5. Refaire de l'autre côté 10 fois.

5. **Rotation des bras** .... Système nerveux

   Circulation aux extrémités du corps

1. Pieds écartés à la largeur des épaules.
2. Balancer les bras dans les directions avant-arrière
3. Balancer les bras dans les directions gauche-droite pour faire des demi-cercles.
4. Balancer les bras dans les directions haut-bas pour faire des cercles complets.
5. Faire des rotations des coudes.

Chapitre 9 - Des exercices physiques

EXERCICES DE ROTATION	**EFFET +**	**DESCRIPTION**

6. Rotation des bras - Unité.................... Centrage dans le cœur

Amour de soi

1. Pieds écartés à la largeur des épaules.
2. Faire un grand cercle avec le bras droit.
3. Faire un grand cercle dans le sens inverse avec le bras gauche.
4. Faire deux grands cercles avec les bras, pour s'envelopper entièrement.
5. Descendre les bras devant soi.
6. Ramener les mains sur le cœur. Fermer les yeux, respirer profondément et affirmer intérieurement: « Je suis aimé à l'infini. Je m'aime, j'aime et j'accepte d'être aimé.»

7. Rotation des bras - Expansion............... Ouverture de la respiration

Circulation sanguine

Souplesse

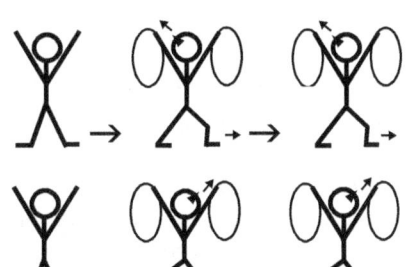

1. Lever les deux bras vers le ciel, regard vers le ciel à gauche.
2. Faire un pas vers la droite en faisant un cercle avec les bras, regard ramené au centre.
3. Continuer le mouvement avec un autre pas vers la droite pour relever les deux bras vers le ciel, regard vers le ciel à droite.
4. Refaire de l'autre côté.
5. Refaire la séquence 5 fois.

8. Rotationn des bras - Torsion.................. Souplesse d'articulation des bras

Système circulatoire et cœur

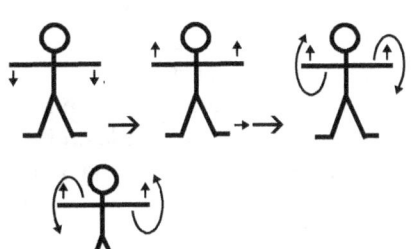

1. Bras ouverts à l'horizontale, mains paumes vers la Terre.
2. Retourner les paumes vers le ciel en continuant le mouvement vers l'arrière : inspire.
3. Revenir à la position de départ : expire.
4. Faire des torsions des mains pour retourner les paumes vers le ciel en tournant un bras vers l'avant et l'autre vers l'arrière : inspire.
5. Revenir à la position de départ : expire.

9. Rotation des bras - Territoire................ Aide à libérer les douleurs aux épaules

Souplesse des articulations

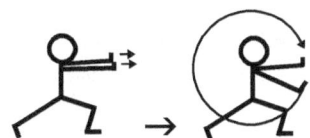

1. Main du côté de la jambe allongée fait un cercle complet.
2. Garder le focus sur les épaules.
3. Répéter 5 fois de chaque côté.

S'enraciner les deux pieds sur Terre

| **EXERCICES DE ROTATION** | **EFFET +** | **DESCRIPTION** |

10. Rotation des bras - Diagonale .... Libère les douleurs dans les épaules

Unité

1. Allonger le bras droit en avant à 45° par rapport au corps, et le bras gauche à l'arrière à 45° par rapport au corps, mains paumes vers le ciel.
2. Ramener la main gauche dans la main droite doucement. Refaire 10 fois.
3. Refaire de l'autre côté 10 fois.

11. Rotation des poignets et mains .... Système respiratoire

Cœur

1. Faire des rotation des poignets et mains.
2. Ensuite, croiser les premières phalanges des doigts et du pouce (le pouce sur le dessus est celui de la main dominante), et faire 20 rotations dans le sens horaire et 20 rotations dans le sens antihoraire.
3. Refaire avec l'autre pouce sur le dessus.

12. Rotation du tronc .... Diminue les tensions

Souplesse

1. Pieds écartés à la largeur des épaules, genoux légèrement pliés, bras ouverts à l'horizontale.
2. Tourner le corps entier d'un côté en laissant le bras répondre naturellement à la dynamique du corps.
3. Revenir au centre.
4. Refaire de chaque côté, en variant la hauteur des bras et l'amplitude de la rotation.

13. Rotation du bassin .... Taille

Souplesse

1. Pieds écartés à la largeur des épaules, mains sur les hanches.
2. Faire des rotations du bassin en tournant vers la gauche puis vers la droite.
3. Faire 50-100 rotations de chaque côté.

14. Rotation des jambes .... Ouverture des jambes et du bassin

Souplesse

1. Lever le genou de la jambe gauche et faire des rotations de la jambe gauche vers l'avant puis vers l'arrière, sans toucher le sol.
2. Refaire de l'autre côté.
3. Faire 10 rotations vers l'avant et 10 vers l'arrière.

Chapitre 9 – Des exercices physiques

| **EXERCICES DE ROTATION** | **EFFET +** | **DESCRIPTION** |

15. Rotation des genoux............................ Circulation de l'énergie dans les genoux

Souplesse

1. Taper les mains ensemble 10 fois pour les réchauffer.
2. Déposer les mains sur les genoux et les masser en douceur pour les réchauffer.
3. Sans pression, faire des rotations des genoux vers l'extérieur, vers l'intérieur, vers la gauche et vers la droite.
4. Faire 3 rotations dans chaque direction.

16. Rotation des chevilles et pieds.............. Circulation de l'énergie dans les pieds

Souplesse

1. Pieds écartées à la largeur des épaules
2. Lever le pied gauche. Faire 10 rotations de la cheville gauche de chaque côté.
3. Étirer le pied gauche vers l'arrière. Le laisser se reposer quelques secondes en appui sur le dessus du gros orteil.
4. Étirer le pied gauche vers l'avant. Le laisser se reposer quelques secondes en appui sur le côté extérieur du pied.
5. Refaire avec le pied droit.

Rotation - couché

17. Ouverture du cou............................... Ouverture

Circulation de l'énergie dans le cou et la tête

Souplesse

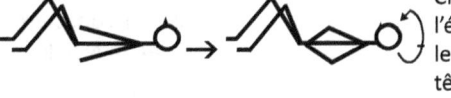

1. Allongé sur le dos, genoux pliés, mains déposées de chaque côté du corps. Respirer doucement et consciemment.
2. Déposer les deux mains sur le bas du ventre (hara) et tourner délicatement la tête d'un côté, et continuer de respirer.
3. Ramener la tête au centre.
4. Tourner délicatement la tête de l'autre côté, et continuer de respirer doucement et consciemment.
5. Ramener la tête au centre.

18. Ouverture des bras............................ Ouverture

Circulation de l'énergie dans les bras, poitrine, respiration, haut du corps

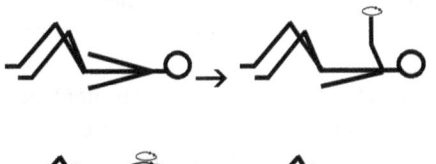
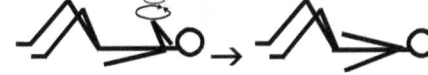

1. Allongé sur le dos, genoux pliés, mains déposées de chaque côté du corps.
2. Respirer doucement et consciemment.
3. Lever un bras vers le ciel. Faire des rotations du poignet et prendre conscience du mouvement intérieur.
4. Laisser la main se déposer sur l'épaule du côté opposé et laisser le coude faire des mouvements de rotation. Guider

S'enraciner les deux pieds sur Terre

| **EXERCICES DE ROTATION** | **EFFET +** | **DESCRIPTION** |

Ouverture des bras (suite).....................

     spontanément la direction de la rotation, avec des cercles de plus en plus grands.
5. Lorsque le mouvement cesse naturellement, déposer le bras au sol. Respirer doucement et consciemment.
6. Refaire de l'autre côté

19. Ouverture des épaules..........................Ouverture

Circulation de l'énergie dans les épaules

Harmonie des hémisphères du cerveau et polarité du corps

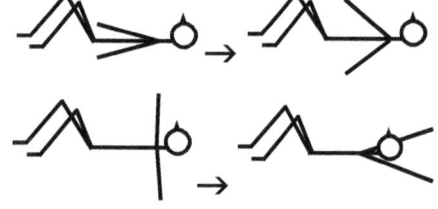

1. Allongé sur le dos, genoux pliés, mains déposées de chaque côté du corps.
2. Respirer doucement et consciemment.
3. Déplacer graduellement les bras de chaque côté du corps jusqu'au-dessus de la tête, en laissant les mains en contact avec le sol.
4. Faire ces déplacements de façon graduelle, et respirer doucement et consciemment.

20. Rotation du bassin................................Souplesse du bassin

Circulation de l'énergie dans le bas du dos et du corps

1. Allongé sur le dos, mains déposées au sol. Lever les jambes et les croiser au niveau des chevilles.
2. Osciller lentement le bassin de chaque côté (gauche-droite) pendant 1-5 minutes.

21. Ouverture des jambes..........................Ouverture

Circulation de l'énergie dans les jambes, genoux, chevilles, pieds.

Lâcher prise

Harmone des hémisphères du cerveau et polarité du corps

Souplesse

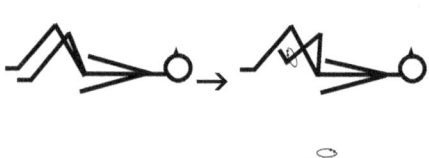
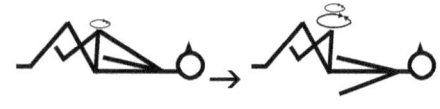
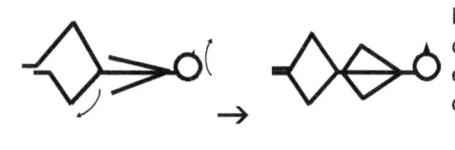
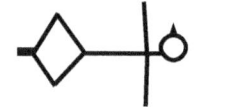

1. Allongé sur le dos, genoux pliés, mains déposées de chaque côté du corps.
2. Respirer doucement et consciemment.
3. Lever un genou et avec la main du même côté, accompagner doucement le genou dans un moment de rotation lent et conscient. Laisser le genou guider spontanément la direction de la rotation, avec des cercles de plus en plus grands, et déposer les mains au sol.
4. Lorsque le mouvement de rotation cesse naturellement, déposer le genou plié et la jambe ouverte au sol.
5. Déposer les deux mains sur le bas du ventre (hara) et joindre la plante des deux pieds ensemble.
6. Ouvrir les bras en continuant de respirer doucement et consciemment.
7. Refaire de l'autre côté.

Chapitre 9 – Des exercices physiques

| **EXERCICES D'ÉTIREMENT** | **EFFET +** | **DESCRIPTION** |

Étirement - debout

22. Étirement initial.................... Expansion de soi et prendre sa place en harmonie avec les autres

1. S'étirer dans toutes les directions.
2. Étirer et agrandir la bulle transparente autour de soi.
3. Ouvrir les bras à l'horizontale et ouvrir la poitrine vers l'avant.

23. Arc.. Harmonie générale du corps

Réduction de l'obésité

1. Pieds écartés à la largeur des épaules, bras ouverts de chaque côté, paumes orientées vers la Terre.
2. Inspirer et étirer le bras gauche vers le côté droit, en passant au-dessus de la tête et en s'appuyant sur l'oreille gauche. Paume de la main gauche vers la Terre. Main droite libre sur le côté de la jambe droite ou déposée sur la hanche droite.
3. Étirer le bras gauche vers la droite. Rebondir doucement 10 fois.
4. Refaire de l'autre côté.

24. Pointeur d'étoiles...................... Ouvre la respiration

Expression de soi

Concentration

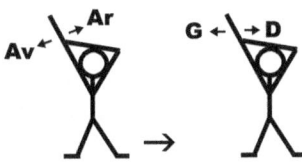

1. Pieds écartés à la largeur des épaules.
2. Lever le bras gauche vers le ciel.
3. Plier le bras droit et toucher le coude gauche au-dessus ou derrière la tête, selon la flexibilité.
4. Rebondir légèrement le mouvement des bras dans les directions avant-arrière, puis gauche-droite, 10 fois dans chaque direction.
5. Refaire de l'autre côté.

25. Réveil.................................... Aide à libérer les tensions du cou

Souplesse du cou

1. Pieds écartés à la largeur des épaules.
2. Croiser les mains derrière la tête.
3. Se pencher vers un côté, en étirant doucement le cou et la tête.
4. Refaire de l'autre côté.
5. Revenir à la position de départ.
6. Mettre une main sur le côté de la taille.
7. Mettre l'autre main sur le côté opposé de la tête. Étirer doucement le cou et la tête.
8. Refaire de l'autre côté.

S'eraciner les deux pieds sur Terre

EXERCICES D'ÉTIREMENT	**EFFET +**	**DESCRIPTION**

26. Homme fort .... Ouvre la poitrine et la respiration

Stimule l'élimination des toxines

1. Plier les coudes, mains vers le ciel, avec les poings fermés, pouces à l'intérieur.
2. Ouvrir les bras vers l'arrière : inspire.
3. Ramener les bras vers le centre avec une certaine tension : expire.
4. Répéter le cycle 12 fois, lentement.

27. Victoire .... Libère les tensions

Rassemble l'énergie

1. Déposer les mains sur les épaules.
2. Joindre les coudes en étirant le haut du dos, surtout à la hauteur du cœur : inspire.
3. Ouvrir les coudes : expire
4. Refaire 12 fois.

28. Étau .... Aide à libérer les douleurs aux épaules

1. Jambes droites ou pliées.
2. Mains en prière : inspirer.
3. Pousser les mains une vers l'autre : expirer.
4. Maintenir.
5. Répéter le cycle 12 fois.

29. Salutation .... Jambes

Énergie des reins

1. Pieds écartés à la largeur des épaules.
2. Pivoter sur le côté gauche à 45°.
3. Allonger la jambe gauche en relevant le pied vers le ciel, talon au sol. Plier le genou de la jambe droite. Étirer les bras sur la jambe gauche (ou déposer les mains sur les genoux) : respirer.
4. Refaire de l'autre côté.
5. Taper les mains ensemble pour les réchauffer et les déposer sur les reins.
6. Dire « j'aime mes reins ».

30. Porteur de joie .... Circulation de l'énergie

Ouvre la respiration

1. Pieds écartés à la largeur des épaules.
2. Se plier vers le sol et croiser les mains.
3. Se relever, étirer les bras avec les mains croisées, en les retournant paumes vers le ciel.
4. Regarder vers le ciel.
5. Balancer légèrement dans la direction avant-arrière, 10 fois.
6. Relâcher les bras et le corps vers le bas.

Chapitre 9 - Des exercices physiques

| **EXERCICES D'ÉTIREMENT** | **EFFET +** | **DESCRIPTION** |

31. Horloge grand-père..............................Thyroïde

Circulation cardiaque

Vésicule biliaire

1. Pieds écartés à la largeur des épaules ou plus.
2. Plier le corps et déposer les mains au sol, au centre.
3. Déplacer lentement les mains vers la gauche, rebondir 10 fois. Revenir au centre et faire de l'autre côté
4. Déplacer lentement gauche-centre-droite-centre etc. comme le pendule du balancier. Refaire le cycle 12 fois.
5. Se relever et ouvrir le corps, paume et regard vers le ciel.

32. Vue d'ensemble......................................Équilibre hormonal

1. Pieds écartés à la largeur des épaules.
   Avant-arrière + gauche-droite
2. Croiser les bras et déposer chacune des mains sur l'épaule du côté opposé.
3. Ouvrir les bras, retourner le corps vers la gauche, bras gauche vers l'arrière, bras droit vers l'avant, paumes ouvertes vers l'extérieur et doigts vers le ciel, tête orientée vers la main gauche : inspire.
4. Revenir à la position de départ : expire.
5. Refaire 10 fois de chaque côté.
   Haut-bas
6. Ouvrir les bras à l'horizontale, paumes ouvertes vers l'extérieur.
7. Déposer une main sur le côté opposé du corps, au niveau de la taille.
8. Étirer le côté du corps en regardant les doigts de la main orientée vers le ciel. Rebondir 10 fois pour étirer doucement.
9. Refaire de l'autre côté.

33. Grandir avec une base solide.................Thyroïde

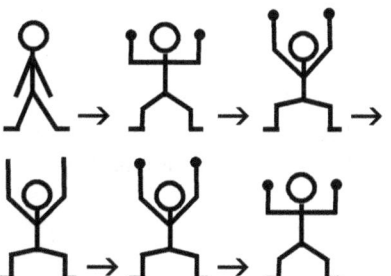

1. Plier les jambes et lever les bras, poings fermés, pouces rentrés à l'intérieur.
2. Élever les bras : inspire.
3. Ouvrir et refermer les mains (donner et recevoir) : retenir la respiration.
4. Redescendre les bras : expire.
5. Suivre le mouvement avec les yeux.
6. Répéter le cycle 5 fois lentement.

S'enraciner les deux pieds sur Terre

EXERCICES D'ÉTIREMENT	**EFFET +**	**DESCRIPTION**
34. En équilibre plus près du ciel	Énergie vitale Renforce la résistance physique Vessie	1. Pieds au sol, talons collés, contraction du bas du corps (anus, hanches, cuisses, périnée) 2. S'élever sur la pointe des pieds : inspire. 3. Se déposer : expire. 4. Maintenir. Répéter le cycle 10 fois. 5. Garder le focus du poids sur les talons
35. Je suis grand, je suis petit	Libère le système respiratoire des tensions	1. S'élever sur la pointe des pieds et lever les épaules : inspire. 2. Se laisser tomber rapidement vers le sol en position accroupie : expire.
36. Applaudissements	Énergie globale et circulation sanguine Chaleur dans les épaules	1. Applaudir devant, derrière la tête et en bas du dos.
37. Grand comme ça!	Ouvre la poitrine et ouverture à la vie Renforce le foie	1. Bras droit devant soi, paumes vers la Terre, cou et épaules relax. 2. Ouvrir les bras, paumes vers le centre, expansion de la poitrine : inspire. 3. Revenir à la position de départ : expire. 4. Répéter 3 fois de chaque côté.
38. Grande ligne	Pancréas Système endocrinien et urinaire	1. Suivre le mouvement avec les yeux. 2. Observer le ressenti à la taille et bas du ventre. 3. Répéter 2 fois de chaque côté.
39. Embrasser le ciel	Libère la fatigue	1. Lever les bras et la tête vers l'arrière : inspire. 2. Revenir à la position de départ : expire.

Chapitre 9 - Des exercices physiques

EXERCICES D'ÉTIREMENT	EFFET +	DESCRIPTION

40. C'est beau en haut .... Thyroide

Solidité sur terre pour s'ouvrir à la croissance dans tous les plans

3. Jambes écartées un peu plus que la largeur des épaules.
4. Déposer les mains sur les cuisses et tourner le corps vers la droite: inspire.
5. Ouvrir la gorge et la poitrine, basculer la tête vers l'arrière pour regarder au ciel: expire.
6. Revenir à la position de départ.
7. Refaire 3 fois de chaque côté.

41. Papillon .... Pancréas

Système endocrinien

Régulation de l'appétit et obésité

1. Mains croisées derrière la tête.
2. Tourner le haut du corps : inspire.
3. Revenir à la position de départ : expire.
4. Pencher le haut du corps vers l'avant, toucher un coude et le genou opposé : inspire.
5. Revenir à la position de départ : expire.
6. Répéter 2 fois de chaque côté.

42. Cadeau caché .... Aide à libérer les douleurs aux épaules

1. Pieds écartés à la largeur des épaules.
2. Mains croisées dans le dos.
3. Avancer une jambe en avant à 45°.
4. Relever le pied vers le ciel, talon au sol.
5. Incliner le corps en levant les bras croisés le plus haut possible. Rebondir 10 fois. Respirer.
6. Revenir à la position de départ.
7. Refaire de l'autre côté.

43. Moyenne .... Équilibre au centre

Renforcir les genoux

Mouvement de torsion

1. Déposer les mains à la taille, jambes légèrement fléchies, genoux souples.
2. En conservant le regard vers l'avant, tourner les jambes vers la droite, revenir à la position de départ, puis tourner les jambes vers la gauche. Refaire 3 fois.

Mouvement d'étirement

3. Jambes droites, genoux souples.
4. En conservant un pied au sol, étirer l'autre jambe, pied pointé qui conserve le contact avec la terre. Regarder sur le côté opposé de la jambe avec le pied pointé. Revenir à la position de départ.
5. Refaire 3 fois de chaque côté.

S'enraciner les deux pieds sur Terre

| **EXERCICES D'ÉTIREMENT** | **EFFET +** | **DESCRIPTION** |

44. Laveuse..................................Reins, Système urinaire

1. Jambes droites ouvertes à la largeur des épaules, mains en prière.
2. Torsion des bras vers un côté en conservant le visage vers l'avant : inspire.
3. Revenir à la position de départ : expire.
4. Refaire de chaque côté.

45. Le chemin................................Système nerveux

Circulation de l'énergie jusqu'aux extrémités

1. Pieds écartés à la largeur des épaules, genoux légèrement pliés.
2. Balancer simultanément un bras vers l'avant et un bras vers l'arrière.
3. Laisser la tête suivre le mouvement du bras qui va vers l'arrière. Refaire 10 fois de chaque côté.

46. Force dans le bas du corps......................Renforce le bas du corps et les intestins

Améliore les fonctions intestinales et d'évacuation

Augmente l'énergie vitale

1. Jambes droites ouvertes à la largeur des épaules, mains déposées sous le nombril (hara).
2. Inspirer en gonflant le ventre et expirer en le contractant. Répéter 100 fois.
3. Contracter et relâcher l'anus 100 fois.
4. Allonger les bras de chaque côté du corps. Lever un genou et le supporter avec les mains croisées, pied pointé.
5. Relever le genou le plus près possible du corps en continuant de le supporter avec les mains croisées, pied flex. Maintenir 30 secondes.
6. Refaire 3 fois de chaque côté.

Étirement - assis

47. Relaxe......................................Relaxe les épaules

Ouvre la cage thoracique et les poumons

1. Déposer les mains sur les jambes.
2. Lever et baisser les épaules.
3. Rotation des épaules.
4. Refaire le cycle 3 fois.

48. Bain d'énergie...........................Énergie et récupération

Peau

1. Frotter les mains ensemble pour les réchauffer.
2. Déposer les paumes des mains sur le visage, les yeux et autres parties du corps fatiguées.

Chapitre 9 – Des exercices physiques

	EXERCICES D'ÉTIREMENT	EFFET +	DESCRIPTION
49.	Massage du bras	Augmente l'énergie des bras, cœur, poumons, digestif	1. Allonger un bras parallèle au sol. 2. Avec l'autre main, masser le dessus du bras allongé, de l'épaule au poignet, puis masser le dessous du bras de l'aisselle jusqu'au poignet. 3. Refaire 36 fois de chaque côté.
50.	Ondulation	Cœur Système circulatoire	1. Mains à la taille. 2. Pencher d'un côté et rester dans cette position 10 secondes : inspire. 3. Retour à la position de départ : expire. 4. Refaire 5 fois de chaque côté.
51.	Éventail	Circulation sanguine Circulation de l'énergie dans le dos et les épaules Aide à libérer les douleurs dos, épaules, bras, oreilles	1. Bras allongés parallèles au sol, paumes des mains vers l'extérieur de chaque côté. 2. Ramener les bras vers l'avant avec les paumes vers l'avant et tourner la tête le plus possible sur un côté, sans forcer et lentement. : inspire. 3. Revenir à la position de départ : expire. 4. Refaire 20 fois de chaque côté.
52.	Retour du sage	Libère les tensions de la poitrine Capacité respiratoire	1. Mains croisées derrière la nuque. 2. Pencher le corps vers l'avant : inspire. 3. Relever le corps, ouvrir la poitrine et rapprocher les omoplates : expire.
53.	Cadeau caché assis	Poumons et ouverture de la poitrine Système endocrinien Circulation sanguine et stimulation intestinale	1. Assis en position du lotus ou les jambes croisées. 2. Mains croisées derrière le dos. 3. Pencher doucement le corps vers l'avant et lever les bras vers le ciel en gardant les mains croisées: inspire. 4. Retour à la position de départ : expire. 5. Refaire 10 fois.

S'enraciner les deux pieds sur Terre

EXERCICES D'ÉTIREMENT	EFFET +	DESCRIPTION

54. Prendre une pause .... Libère les tensions du cou

1. Mains croisées derrière la nuque.
2. Pencher légèrement la tête vers l'arrière : inspire.
3. Revenir à la position de départ : expire.
4. Refaire 5-10 fois doucement.

55. Massage des reins .... Libère énergie stagnante des reins

Circulation de l'énergie

1. Frotter les mains pour les réchauffer.
2. Déposer les mains sur les reins et masser de haut en bas.

56. Cocon assis .... Circulation sanguine et pulmonaire

Aligne les vertèbres cervicales

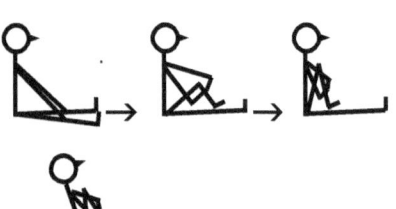

1. Déposer les mains sur les jambes.
2. Plier une jambe et croiser les mains sous le genou de la jambe pliée, ouvrir la cage thoracique.
3. Ramener la jambe pliée vers le corps et pencher le dos et la tête vers l'arrière : inspire.
4. Revenir à la position de départ : expire.
5. Refaire 3 fois de chaque côté.

57. De la tête aux pieds .... SNA (système nerveux autonome)

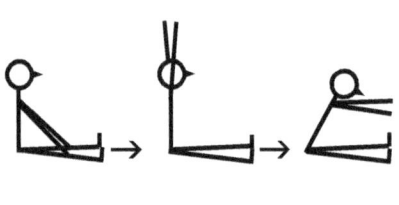

1. Déposer les mains sur les jambes et amener l'attention sur la colonne vertébrale.
2. Lever les bras vers le ciel : inspire.
3. Allonger les bras vers l'avant : expire.
4. Répéter le cycle 10 fois.
5. Allonger les bras et le corps entier le plus possible vers les pieds, 3 fois.

58. De la tête aux pieds - 1 jambe .... Bas du dos

Sciatique

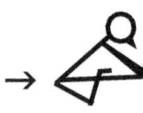

1. Mains à la taille.
2. Croiser une jambe par-dessus l'autre jambe allongée.
3. Allonger les bras et le corps entier le plus possible vers l'avant, et si possible, toucher les chevilles avec les mains.
4. Refaire 10 fois de chaque côté

Chapitre 9 – Des exercices physiques

EXERCICES D'ÉTIREMENT	EFFET +	DESCRIPTION
59. Rameur	Système endocrinien Pancréas et aide à l'équilibre du sucre dans le corps Articulations Reins	1. Mains de chaque côté du corps comme si elles tenaient des rames, jambes collées, genoux légèrement fléchis. 2. Pencher le corps vers l'avant et allonger les bras vers l'avant. 3. Ramener le corps et les bras vers l'arrière en allongeant les jambes : inspire. 4. Revenir à la position précédente : expire. 5. Refaire 3 fois.

Étirement - couché

	EFFET +	DESCRIPTION
60. Coucou	Stimule la thyroïde Circulation de l'énergie dans le cou et la tête	1. Mains croisées derrière le cou. 2. Relever la tête légèrement : inspire. 3. Déposer la tête : expire.
61. Cocon	Réaligne le pelvis Mal de dos	1. Position allongée détendue. 2. Relever la tête, plier les jambes et croiser les mains derrière les cuisses : inspire. 3. Déposer la tête : expire. 4. Note – ne pas faire si haute pression
62. Tunnel	Circulation de l'énergie dans le bas du corps Hanche, taille et renforce les organes internes	1. Genoux pliés, les talons près des fesses. 2. Lever le bas du corps et rebondir légèrement 100 fois.
63. Lève-fesses	Renfoce le muscle et l'énergie de l'estomac pour la digestion	1. Genoux pliés, mains sur le bas du ventre. 2. Lever le bas du corps : inspire. 3. Déposer le bas du corps : expire. 4. Refaire le cycle 200 fois.

S'enraciner les deux pieds sur Terre

| **EXERCICES D'ÉTIREMENT** | **EFFET +** | **DESCRIPTION** |

64. Torsion - tête.................................... Système digestif et foie

Souplesse du dos

1. Tourner les jambes vers un côté en conservant les mains derrière la nuque et tourner la tête dans l'autre direction : inspire.
2. Revenir à la position de départ : expire.

65. Torsion - une jambe pliée..................... Renforce le pelvis

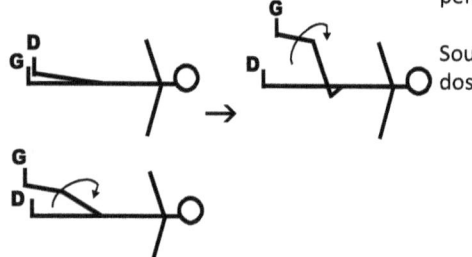

Souplesse du dos

1. Lever une jambe à 90° et plier le genou.
2. Croiser cette jambe par-dessus l'autre pour aller toucher le sol de l'autre côté : inspire.
3. Revenir à la position de départ : expire.
4. Refaire 12 fois de chaque côté.

66. Torsion - une jambe droite.................... Système digestif

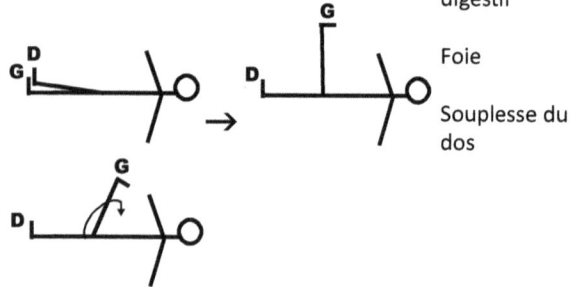

Foie

Souplesse du dos

1. Lever une jambe droite à 90°.
2. Croiser cette jambe par-dessus l'autre pour aller toucher le sol de l'autre côté et tourner la tête dans l'autre direction: inspire.
3. Revenir à la position de départ : expire.
4. Refaire 2 fois de chaque côté.

67. Torsion - deux jambes légèrement........ Réaligne le pliées pelvis

Taille

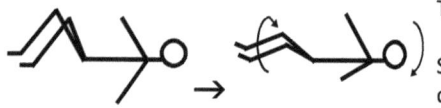

Souplesse du dos

1. Plier légèrement les genoux, mains avec les paumes vers la Terre.
2. Tourner les jambes vers un côté en conservant les mains au sol et tourner la tête dans l'autre direction : inspire.
3. Revenir à la position de départ : expire.
4. Refaire 3 fois de chaque côté.

68. Torsion - deux jambes pliées sur le........ Bas du dos corps

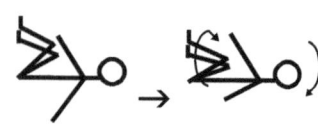

1. Genoux repliés sur le corps, mais avec les paumes vers la Terre.
2. Tourner les jambes vers un côté en conservant les mains au sol et tourner la tête dans l'autre direction : inspire.
3. Revenir à la position de départ : expire.
4. Refaire 3 fois de chaque côté.

Chapitre 9 – Des exercices physiques

| **EXERCICES D'ÉTIREMENT** | **EFFET +** | **DESCRIPTION** |

69. Torsion - deux jambes droites................Système digestif

Foie

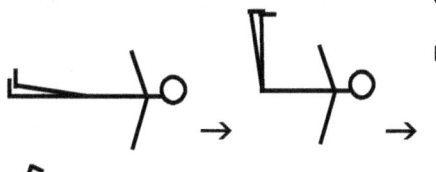

1. Lever les deux jambes à 90°, mains avec les paumes vers la Terre.
2. Tourner les jambes vers un côté en conservant les mains au sol et tourner la tête dans l'autre direction : inspire.
3. Revenir à la position de départ : expire.
4. Refaire 5 fois de chaque côté
5. Note – prudence si mal de dos

70. Ressort..Équilibre du sucre dans le corps

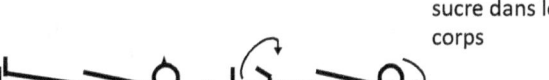

1. Jambes allongées, mains de chaque côté du corps.
2. Plier et croiser la jambe gauche par-dessus la jambe droite et déposer le pied gauche à côté du genou droit.
3. Faire une torsion du bas du corps vers la droite et du haut du corps vers la gauche : inspire.
4. Revenir à la position précédente : expire.
5. Refaire 6 fois de chaque côté.

71. Étirement couché...................................Augmente l'énergie

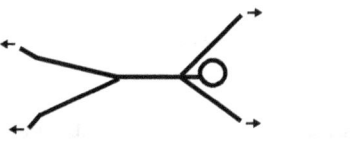

1. Bras et jambes ouvertes en X, paumes vers le ciel.
2. Étirer le corps entier.

72. Flex-pointe..Stimule méridien vessie

Renforce estomac, foie, système reproducteur

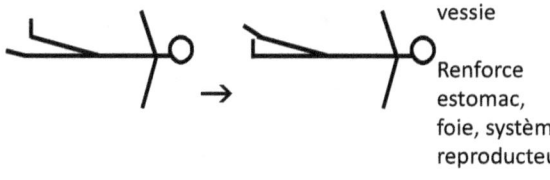

1. Un pied flex et un pied pointé.
2. Alterner.
3. Refaire le cycle 20 fois, lentement

73. Curieux..Libère les tensions du cou

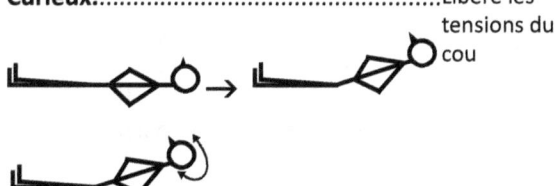

1. Jambes allongées, mains sur le bas du ventre.
2. Soulever le haut du corps: inspire.
3. Tourner la tête de chaque côté lentement: expire.
4. Revenir à la position de départ.
5. Refaire 3 fois.

S'enraciner les deux pieds sur Terre

| **EXERCICES D'ÉTIREMENT** | **EFFET +** | **DESCRIPTION** |

74. **Exercices intestinaux abdominaux**..........Équilibre

Régénération de l'énergie et libère les blocages d'énergie

Calme pour le corps et l'esprit

Facilite les processus de guérison

Équilibre gastro-intestinal

Préparation
1. Allongé, les paumes vers le ciel.
2. Détendre tout le corps.
3. Amener l'attention au niveau du ventre, environ 5cm sous le nombril (hara).
4. Inspirer en gonflant le ventre puis les poumons.
5. Expirer en vidant les poumons puis le ventre, comme s'il voulait toucher la colonne vertébrale.
6. Mettre les mains sur le bas du ventre (hara).

Exercice 1
7. Lever les jambes et plier les genoux à 90°, écartés de la largeur d'un poing, pieds pointés vers le ciel, mains sur le hara et respirer.

Exercice 2
8. Lever les jambes à la verticale, pieds pointés vers l'arrière. Tenir les orteils ou l'arrière des jambes et respirer.
Note – cette position tonifie le plus long méridien du corps vessie-rein-cœur-poumon.

Exercice 3
9. Plier les jambes et les déposer sur le sol. Respirer.

Exercice 4
10. Croiser les jambes au niveau des chevilles, ouvrir les genoux de chaque côté, mains sur le hara. Respirer.

Exercice 5
11. Joindre les pieds talon à talon, genoux pliés et ouverts de chaque côté, mains sur le hara. Respirer.

75. **Vélo**..........Renforce la respiration et les muscles près du périnée

Aide à libérer la fatigue mentale

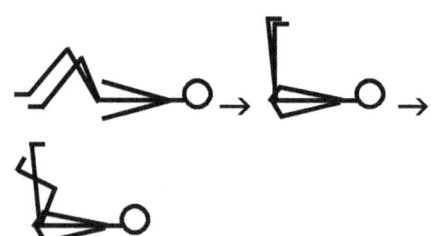

1. Lever les jambes droites vers la tête et placer les mains pour supporter les reins et le bas du dos.
2. Ramener les jambes à 90°.
3. En continuant de supporter les reins et le bas du dos, faire bouger les jambes comme si elles pédalaient sur un vélo.

Chapitre 9 – Des exercices physiques

	EXERCICES D'ÉTIREMENT	**EFFET +**	**DESCRIPTION**

76. Berceau .... Colonne vertébrale

Renforce la moelle osseuse, le système nerveux et les organes vitaux

1. Jambes allongées, genoux légèrement pliés, mains sous les genoux.
2. Tête, cou et épaules relax.
3. Rouler délicatement 20 fois vers l'arrière pour stimuler la colonne vertébrale.
4. Revenir à la position de départ.

77. Poisson .... Circulation de l'influx nerveux et sanguin

Regain d'énergie

Aide à libérer la constipation

1. Jambes allongées collées ensemble, bras allongés.
2. Tourner simultanément la tête et les jambes du même côté.
3. Refaire 10 fois de chaque côté.
4. Jambes allongées collées ensemble, mains derrière la nuque.
5. Tourner simultanément la tête et les jambes du même côté.
6. Refaire 10 fois de chaque côté.

Étirement - sur le ventre

78. Cobra .... Augmente l'énergie vitale, vitalité, résistance

Réaligne les vertèbres lombaires

1. Allongé face contre terre, mains croisées derrière la nuque.
2. Relever le haut du corps doucement.
3. Revenir à la position de départ.
4. Refaire 10 fois.
5. Allongé face contre terre, mains déposées sur le bas du dos, paumes orientées vers le ciel.
6. Relever le haut du corps doucement.
7. Revenir à la position de départ.
8. Refaire 10 fois.

79. *Superman* .... Circulation de l'énergie

Circulation sanguine

Renforce le SNA

Aide à libérer les blocages énergétiques

1. Allongé face contre terre, jambes allongées vers l'arrière et bras allongés vers l'avant.
2. Soulever la jambe droite et le bras gauche vers le haut.
3. Refaire 5 fois alternativement de chaque côté.
4. Soulever simultanément les deux jambes et les deux bras vers le haut.
5. Maintenir cette position pendant 2 minutes. Relaxe.

S'enraciner les deux pieds sur Terre

EXERCICES ENRACINEMENT,	**EFFET +**	**DESCRIPTION**
CENTRAGE ET ALIGNEMENT		

Enracinement, centrage, alignement - debout

80. **Les trois soleils**.................... Enracinement   Voir la description complète
                                    Centrage   dans le Chapitre 5
                                    Alignement

81. **Méditation-visualisation de l'arbre**.... Enracinement   Voir la description complète
                                    Centrage   dans le Chapitre 5
                                    Alignement

82. **Méditation d'harmonisation avec**...... Enracinement   Voir la description complète
       les arbres   Centrage   dans le Chapitre 5
                                    Alignement

83. **Trois circuits**............................Circulation de   1. Une main sous le nombril (hara).
                                    l'énergie dans   *Équilibre haut-bas*
                                    le corps entier   2. Index et majeur de l'autre main en
                                    et dans tous les   haut et en bas de la bouche. Stimuler 1
                                    axes   minute. Refaire de l'autre côté.
                                                        Équilibre gauche-droite

                                                        3. Pouce et majeur de l'autre main dans
                                                           les creux sous les clavicules, près du
                                                           sternum. Stimuler 1 minute. Refaire de
                                                           l'autre côté.
                                                        Équilibre avant-arrière
                                                        4. Poing fermé avec le pouce à l'intérieur
                                                           sur le coccyx. Stimuler 1 minute. Refaire
                                                           de l'autre côté.

84. **Autoroute d'énergie**...........................Circulation de   *Mouvement croisé*
                                    l'énergie dans   1. Jambes et pieds croisés, allonger les
                                    le corps entier   bras et les mains devant soi, les paumes
                                                           retournées vers l'extérieur.
                                                        2. Croiser les bras et les mains, ramener les
                                                           mains croisées vers la poitrine, fermer
                                                           les yeux, respirer 1 minute... inspirer
                                                           avec la langue au palais et expirer avec
                                                           la langue libre dans la bouche.

                                                        Mouvement ballon
                                                        3. Décroiser les jambes, pieds, bras, mains.
                                                        4. Joindre les bouts des doigts de chaque
                                                           main devant soi, fermer les yeux, respirer
                                                           1 minute... dire « je remercie mon corps,
                                                           mes pensées, paroles et actions d'être
                                                           en harmonie avec mon cœur ».

Chapitre 9 - Des exercices physiques

EXERCICES ENRACINEMENT, CENTRAGE ET ALIGNEMENT

85. Mouvement infini ∞ ....

EFFET +

Centrage
Alignement

Harmonie des hémisphères du cerveau

Harmonie cœur-cerveau

Cohérence cardiaque

Vision court, moyen et long terme

DESCRIPTION

Symbole ∞ au niveau du nez
1. Avec une main, tenir fermement la peau en arrière du cou et respirer. Tracer le symbole infini ∞ avec le bout du nez. Respirer.

Symbole ∞ au niveau des yeux
2. Avec un doigt, tracer le symbole infini ∞ devant soi, au niveau des yeux. Refaire avec un doigt de l'autre main, puis avec les deux doigts ensemble, et ensuite avec les mains jointes. Respirer.

Symbole ∞ au niveau du cœur
3. Amener les mains face à face devant le cœur. Fermer les yeux et ressentir l'énergie entre les mains.
4. Rapprocher et éloigner les mains pour ressentir la circulation de l'énergie.
5. Avec une main, tracer le symbole infini ∞ devant soi, au niveau du cœur.
6. Refaire avec chaque main, puis avec les deux mains face à face, et ensuite avec les mains jointes. Respirer.

Symbole ∞ pour l'harmonie cœur-cerveau
7. Par l'imagination, amener le cerveau dans le cœur, et ramener les mains face à face devant le cœur+cerveau.
8. Avec une main, tracer le symbole infini ∞ devant le cœur+cerveau.
9. Refaire avec l'autre main, puis avec les deux mains face à face, et ensuite avec les mains jointes.
10. Par l'imagination, ramener le cerveau à sa place, dans la tête.
11. Déposer les mains sur le cœur et respirer calmement 1-2 minutes, les yeux fermés.
12. Dire à voix haute : « Je m'aime totalement. Mon cœur et mon cerveau sont maintenant des amis. J'ai confiance dans leur potentiel et leur sagesse pour apprendre et pour guider mes pensées, paroles et actions au service du coeur pour le plus grand bien. »

S'enraciner les deux pieds sur Terre

EXERCICES ENRACINEMENT, EFFET + CENTRAGE ET ALIGNEMENT

Mouvement infini ∞ (suite)

DESCRIPTION

13. Déposer les mains sur les genoux et respirer calmement.
14. Ouvrir les yeux avec un sourire aux lèvres et dans chaque cellule du corps.

86. Points d'équilibre .... Centrage
Enracinement
Alignement
Équilibre
Apaisement

1. Mettre une main sur le nombril.
2. Mettre deux doigts de l'autre main sur le creux à la base du cerveau.
3. Respirer en conservant cette position pendant une minute.
4. Refaire de l'autre côté.

87. Appui du corps .... Centrage
Enracinement
Alignement

Équilibre

1. Pieds bien au sol, tête droite, bras détendus de chaque côté du corps.
2. Ajuster l'inclinaison du corps pour avoir l'appui principal réparti sur les talons et la plante des pieds, de façon à pouvoir retrousser les orteils en restant en parfait équilibre.

88. Position d'équilibre .... Centrage
Alignement
Équilibre

Deux personnes A et B
1. A ferme les yeux avec le poids du corps réparti sur les talons et la plante des pieds, mains détendues, en silence.
2. A observe son ressenti et état d'équilibre.
3. De l'arrière, B dépose successivement les mains sur les hanches, épaules et côtés de la tête. À chaque position, il fait osciller très légèrement et doucement la position de A et le laisse revenir à sa position d'équilibre naturel.
4. Changer les rôles et partager les ressentis.

89. Prière .... Centrage
Alignement
Expansion

Sécurité intérieure

1. Pieds bien au sol, fermer les yeux et amener l'attention au niveau du cœur.
2. Joindre les mains en prière devant le cœur, doigts vers le ciel.
3. Inspirer et expirer « Amour-lumière »
4. Laisser l'Amour et la lumière remplir le corps et s'amplifier à l'infini.
5. Dire « L'Amour-lumière m'enveloppe, m'entoure, me guide et me protège. Je suis en sécurité. Merci. »

Chapitre 9 - Des exercices physiques

EXERCICES ENRACINEMENT, CENTRAGE ET ALIGNEMENT | EFFET + | DESCRIPTION

90. Support .... Enracinement

Énergie des poumons

Moelle épinière et colonne vertébrale

1. Pieds écartés un peu plus large que les épaules, genoux légèrement pliés.
2. Lever les bras vers le ciel, paumes tournées vers le ciel, doigts pointés vers le centre.
3. Ouvrir la poitrine et étirer la colonne vertébrale.
4. Maintenir la position pendant 5 minutes.

91. Libération de l'énergie stagnante .... Respiration

Libère l'énergie stagnante dans le méridien du poumon

1. Bras ouverts de chaque côté du corps.
2. Secouer les poignets.
3. Conserver les doigts souples.

92. Marche lente et consciente .... Ramener attention ici et maintenant

Conscience de son corps

Aide à libérer le stress

1. Déposer lentement le talon, la plante du pied puis les orteils d'un pied, en prenant conscience du contact avec le sol à chaque étape.
2. Faire un autre pas avec l'autre pied. Continuer en gardant l'attention sur le contact des pieds avec le sol et respirer calmement.
3. Ensuite...
4. Marcher 3 pas : inspire.
5. Marcher 3 pas : expire.
6. Observer le changement de point de vue à chaque pas.

93. Marche du Sumo .... Enracinement
Centrage
Attention
Concentration
Instant présent

1. Debout le corps droit, pieds écartés à la largeur des épaules.
2. Plier les genoux à 90°.
3. Plier les bras à 90° devant soi.
4. Avancer lourdement un pas à la fois.
5. Ressentir le contact du pied avec le sol.

94. Câlin à un arbre .... Enracinement
Centrage
Attention
Concentration

1. S'asseoir sur une chaise imaginaire.
2. Lever les bras comme pour faire un câlin à un arbre.
3. Maintenir la position 5-20 minutes et respirant calmement.

S'enraciner les deux pieds sur Terre

EXERCICES ENRACINEMENT, CENTRAGE ET ALIGNEMENT | EFFET +

DESCRIPTION

95. Alignement ciel-coeur-terre .... Centrage
Enracinement
Alignement

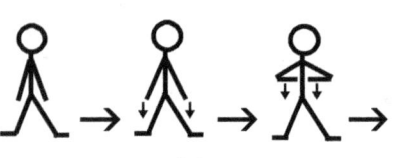

1. Pieds écartés à la largeur des épaules, respirer calmement, profondément.
2. Avec les mains, accueillir l'énergie de la Terre et laisser monter cette énergie jusqu'au cœur : inspire.
3. Ouvrir les bras et l'offrir à l'univers : expire.
4. Ramener les mains au-dessus de la tête et accueillir l'énergie du ciel : inspire.
5. Avec les mains, guider l'énergie vers le bas, jusque sous le nombril (hara) : retiens le souffle.
6. Laisser l'énergie s'intégrer dans le bas du ventre pendant quelques instants : expire.
7. Retourner l'énergie à la Terre : expire.
8. Refaire le cycle 3 fois.

96. Poussée vers le ciel .... Connexion ciel-Terre-cœur

1. Un pas en avant, mains paumes vers le ciel.
2. Élever les mains vers le ciel en suivant le mouvement avec les yeux : inspire.
3. Revenir à la position de départ : expire.
4. Faire lentement de chaque côté.

97. Ancrage ciel-terre .... Lien ciel-Terre
Libère la fatigue

1. Jambes écartées à la largeur des épaules, bras croisés, paumes des mains vers l'arrière.
2. Tourner le haut du corps ¼ tour.
3. Pousser les mains paumes vers le ciel et la Terre : inspire.
4. Ramener à la position de départ : expire.
5. Répéter 3 fois de chaque côté.

98. Relais .... Circulation
Alignement de l'énergie du corps
Aide à libérer les tensions et la fatigue

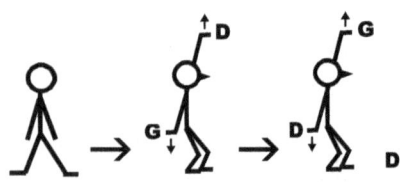

1. Pieds écartés à la largeur des épaules, genoux légèrement pliés.
2. Étirer le bras gauche vers la Terre, paume de la main orientée vers la Terre.
3. Étirer le bras droit vers le ciel, paume de la main droite orientée vers le ciel.
4. Étirer les bras au maximum.
5. Refaire de l'autre côté.

Chapitre 9 – Des exercices physiques

EXERCICES ENRACINEMENT, CENTRAGE ET ALIGNEMENT

EFFET +

DESCRIPTION

99. Les pieds sur terre .... Centrage
Enracinement
Alignement

Attention

Concentration

1. Pieds écartés à la largeur des épaules, mains sur les hanches.
2. Tourner le pied gauche vers la gauche à 90°.
3. En conservant le corps droit, tourner le corps vers la gauche, jambe droite tendue et jambe gauche fléchie.
4. Regarder vers la gauche
5. Maintenir cette position pendant 30 secondes à 2 minutes.
6. Revenir à la position de départ.
7. Refaire de l'autre côté.

100. L'attention sur terre .... Centrage
Enracinement
Alignement

Attention

Concentration

1. Pieds écartés à la largeur des épaules, mains le long du corps.
2. Lever les mains devant soi comme si elles tenaient un ballon et ressentir l'énergie entre les mains.
3. Tourner simultanément le pied gauche, le haut du corps, les mains et le regard vers la gauche, à 90° par rapport au pied droit.
4. La jambe droite est tendue, la jambe gauche est fléchie, la main gauche est au-dessus du genou gauche et la main droite est près du corps.
5. Respirer dans cette position 1-2 minutes.
6. Revenir à la position de départ.
7. Refaire dans l'autre direction.

101. Du ciel à la terre .... Étire la colonne

Système respiratoire

Libère l'énergie stagnante des épaules et bras

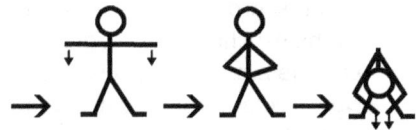

1. Mains croisées devant le bas du ventre.
2. Élever les mains croisées, paumes vers le ciel : inspire
3. Regarder au ciel, ouvrir les bras, mains paumes vers le ciel : expire
4. Revenir à la position de départ.
5. Terminer en déposant les mains croisées vers le sol, paumes vers la Terre.

EXERCICES ENRACINEMENT, EFFET + CENTRAGE ET ALIGNEMENT

DESCRIPTION

102. Face à face des mains..................Équilibre SNA

Libère l'énergie stagnante du haut du corps

1. Placer les paumes des mains face à face, sans se toucher, sur un côté du corps
2. En faisant un demi-cercle, déplacer les mains d'un côté à l'autre côté du corps. Refaire 20 fois.
3. En gardant les paumes de mains face à face, sans se toucher, faire des demi-cercles avant-arrière. Refaire 20 fois.
4. Mains à la taille, faire 10 rotations du tronc et de la tête. Rotation vers l'arrière : inspire, vers l'avant : expire.

103. Souffle du tigre..................Enracinement
Centrage
Alignement

Lâcher prise

Mouvement initial (refaire 3 fois)
1. Pieds écartés à la largeur des épaules
2. Lever les bras vers le ciel, plier les mains et les doigts vers l'avant comme les pattes d'un tigre. Amener l'attention dans le bas du ventre (hara) : inspirer.
3. Plier les genoux et descendre les mains vers le sol avec intensité : expirer avec le son « ha » à partir du bas du ventre.
4. Se relever en inspirant « Amour-lumière » pour se régénérer. Refaire ce cycle 3 fois.
Mouvement final
5. La 4e fois, plier les genoux et allonger les mains de chaque côté vers l'extérieur avec intensité : expirer le son « ha » bien affirmé.

104. Mouvements croisés..................Harmonie des hémisphères du cerveau

Synchronisation gauche-droite

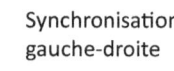

1. Faire une série de mouvements croisés pour relier le côté droit et le côté gauche du corps.
Exemples :
Lever le bras droit et le genou gauche.
La main droite touche le pied gauche.
La main droite touche le genou gauche.
La main droite touche la plante du pied gauche.
Le bras droit va vers la gauche et la jambe gauche va vers la droite
Lever le bras droit et la jambe gauche.
Note - refaire tous les mouvements des deux côtés du corps.

Chapitre 9 - Des exercices physiques

EXERCICES ENRACINEMENT, EFFET + CENTRAGE ET ALIGNEMENT

DESCRIPTION

105. Série respiration.................................Ouvre la respiration à différents niveaux

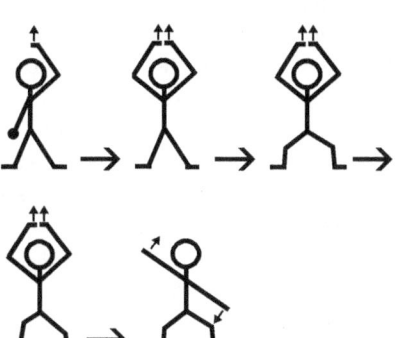

1. Respirer calmement et consciemment.
2. Nerf sciatique - un poing fermé en bas et l'autre main paume vers le ciel au-dessus de la tête, tourner la tête du côté de la main avec le poing fermé.
3. Thyroïde - deux mains paumes vers le ciel au-dessus de la tête.
4. Poumons - deux mains paumes vers le ciel au-dessus de la tête, plier les genoux.
5. Coeur - deux mains paumes vers le ciel au-dessus de la tête, faire un pas vers l'avant.
6. Foie - deux bras ouverts en diagonale, paumes vers le corps, plier les genoux.
7. Refaire la séquence de chaque côté.

106. Série équilibre.....................................Équilibre

Libère l'esprit

Équilibre des hémisphères du cerveau

1. Équilibre sur Terre – lever un genou et le bras du même côté, le poing fermé de l'autre main entre les jambes.
2. Arbre – lever les deux bras vers le ciel, déposer la plante d'un pied sur le côté du mollet de l'autre jambe.
3. Arbre ouvert – ouvrir les bras de chaque côté, mains paumes vers le ciel.
4. Prière – mains en prière devant le cœur.
5. Avant – ouvrir les bras devant soi, mains ouvertes paumes vers l'avant.
6. Espace – ouvrir les bras de chaque côté, mains ouvertes paumes vers l'extérieur.
7. Refaire la séquence de chaque côté.

107. Série étirement-enracinement...........Étirement

Enracinement

Attention

Concentration

Instant présent

1. Coeur – mains à la taille, corps penché vers un côté.
2. Taille-obésité – une main à la taille, une main au-dessus de la tête paume vers la terre, corps penché vers un côté.
3. Foie – une main vers le côté opposé, avec le poing fermé, une main au-dessus de la tête paume vers la Terre, corps penché vers un côté.
4. Câlin à un arbre – genoux pliés, bras en cercle devant soi. Maintenir 2-5 minutes.
5. Refaire la séquence de chaque côté.

S'enraciner les deux pieds sur Terre

EXERCICES ENRACINEMENT, EFFET + CENTRAGE ET ALIGNEMENT

DESCRIPTION

108. Série attention sur terre................Centrage
Enracinement
Alignement

Attention

Concentration

Instant présent

1. Pieds à la largeur des épaules.
2. Ballon – amener les mains devant le cœur, comme si elles tenaient un ballon.
3. Pivot – pivoter le corps à 90° avec les mains à la hauteur des yeux, doigts vers le ciel, regard fixe vers l'avant.
4. Retour au centre, à la position du ballon.
5. Équilibre sur Terre - lever un genou et le bras du même côté, le poing fermé de l'autre main entre les jambes.
6. Territoire – mains devant soi à la hauteur du cœur, paumes vers l'avant, bouts des doigts face à face, pivoter de chaque côté comme pour suivre la paroi d'une bulle autour de soi. Retour au centre.
7. Refaire la séquence de chaque côté.

109. Série pouvoir personnel................Reprise du pouvoir personnel

Enracinement
Centrage
Alignement
Intégration

Rayonnement de soi

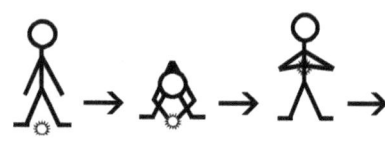

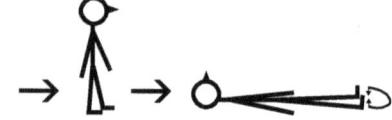

Reprise du pouvoir
1. Un poing fermé et l'autre main par-dessus le poing. Inspirer profondément et expirer par la bouche.
2. Reprise du pouvoir sur l'avenir: mains à l'avant.
3. Reprise du pouvoir sur le passé: mains à l'arrière de la tête.
4. Reprise du pouvoir sur le présent: mains sur le coeur.

Rayonnement de soi
5. Visualiser une boule de lumière pure déposée au sol, un cadeau de notre Moi supérieur, de la Source de Vie.
6. Ramasser la boule de lumière.
7. La ramener dans son coeur et l'accueillir.
8. Ouvrir les bras et le corps, sourire en acceptant de rayonner qui « Je Suis »

Enracinement du pouvoir
9. Dos droit, genoux fléchis, un poing fermé et l'autre main par-dessus le poing, devant le corps. Maintenir pendant 5-20 minutes.
10. Relâcher et lâcher-prise.
11. Se redresser en Être debout. *Équilibre de l'énergie du pouvoir*
12. Allongé sur le sol, coller les talons et taper

Chapitre 9 – Des exercices physiques

| EXERCICES ENRACINEMENT, EFFET + CENTRAGE ET ALIGNEMENT | DESCRIPTION |

EXERCICES ENRACINEMENT, EFFET + CENTRAGE ET ALIGNEMENT

Série pouvoir personnel (suite)..........

les côtés des pieds et des gros orteils ensemble. Faire 100-150 fois. Terminer par une période de repos-intégration.

Note - L'exercice de tapotement des pieds peut être facile au début, suivi de mouvements désordonnés. Si cela se produit continuer et un nouveau rythme va émerger après une petite réorganisation intérieure de la circulation de l'énergie dans le corps.

110. Série expression de soi...................... Centrage
Enracinement
Alignement

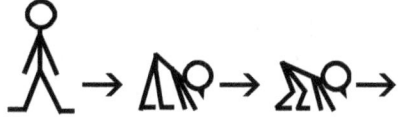

Expression de soi

Gratitude

Pouvoir personnel

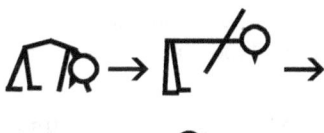

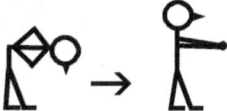

1. Debout, bras détendus.
2. Se pencher pour cueillir une marguerite.
3. Plier les genoux pour sentir le parfum.
4. Se relever.
5. Amener la fleur sur le cœur, faire un vœu et remplir la fleur d'amour.
6. Effeuiller et offrir les pétales remplis d'amour dans toutes les directions.
7. Regarder le ciel, les mains jointes pour remercier l'univers.
8. Mains sur le cœur.
9. Révérence de gratitude.
10. Se relever en pliant les genoux.
11. Ancrer la gratitude, mains sur le cœur et jambes pliées comme si était assis.
12. Câlin à un arbre.
13. Pont d'énergie vitale.
14. L'oiseau – corps penché à 90°, bras ouverts de chaque côté, retourner les paumes vers le ciel pour lui dire merci, retourner les paumes vers la Terre pour lui dire merci.
15. Relaxe- corps penché à 90°, mains sur le coccyx pour dire merci au corps, relaxe, repos.
16. Centrage du pouvoir dans l'instant présent – se redresser, jambes écartées à la largeur des épaules, bras devant soi, un poing fermé (pouce à l'intérieur) enveloppé par l'autre main, respirer calmement avec l'attention centrée au niveau du cœur, bien enraciné les deux pieds sur Terre et aligné

S'enraciner les deux pieds sur Terre

| **EXERCICES ENRACINEMENT, CENTRAGE ET ALIGNEMENT** | **EFFET +** | **DESCRIPTION** |

111. Massage des oreilles .... Écoute et attention auditive

Concentration

Apprentissage

Instant présent

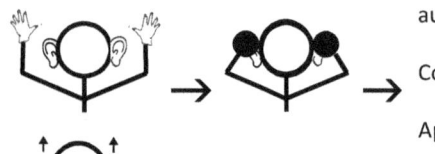

1. Plier les lobes d'oreilles vers l'avant en mettant les mains par-dessus les oreilles, comme des écouteurs.
2. Masser les lobes d'oreilles.
3. Étirer les lobes d'oreilles vers le haut, le bas, le côté.
4. Fermer les yeux, respirer et dire « je remercie mes oreilles qui me permettent d'entendre et d'écouter. »

112. Acuité auditive .... Attention et acuité auditive

1. Avec l'index et le majeur de chaque main, refermer les lobes d'oreilles vers l'avant.
2. Relâcher l'index et taper derrière l'oreille (nombre de fois = âge).
3. Mettre les mains sur les oreilles et appliquer une légère pression pendant 3 secondes et libérer la pression rapidement. Refaire 5 fois.
4. Terminer en massant les oreilles dans toutes les directions.

Enracinement, centrage, alignement - assis

113. Je me centre, je donne et je reçois .... Équilibre du cœur et de la joie

Augmente la capacité cœur-poumons

Aide l'alignement de la colonne et des os

1. Mains en prière et amener l'attention au niveau du cœur.
2. Ouvrir les bras vers l'avant et paumes des mains vers l'avant : inspire.
3. Ramener les bras de chaque côté à la hauteur des épaules, tourner les mains paumes vers le ciel, ouvrir la poitrine vers l'arrière pour rapprocher les omoplates : expire.
4. Maintenir 10 secondes.
5. Refaire 10 fois très doucement.

114. Méditation coeur-cerveau .... Renforce le cœur

Connexion cœur-cerveau

1. Joindre les pouces-majeurs (mudra).
2. Amener l'attention au niveau du cœur et aux deux points de chaque côté de la vertèbre dorsale D5 (le méridien du cœur passe par ces points pour aller au cerveau). Imaginer l'énergie vitale qui connecte le cœur et ces deux points.
3. Faire 15-20 minutes.

Chapitre 9 – Des exercices physiques

EXERCICES ENRACINEMENT, CENTRAGE ET ALIGNEMENT

115. Je refais le plein d'énergie

EFFET +
Recentre

Calme l'esprit

Apaise le sommeil

DESCRIPTION

1. Fermer les yeux et visualiser la tête reliée au ciel, le cœur au centre et le périnée relié à la Terre.
2. Mains face à face devant le cœur.
3. Ressentir l'énergie entre les mains et explorer en les éloignant : inspire et en les rapprochant : expire.
4. Terminer l'exploration de l'énergie avec le son fsssssssss…..
5. Descendre les mains face à l'abdomen et donner de l'énergie aux intestins.
6. Monter les mains face à la tête et donner de l'énergie au cerveau
7. Ramener les mains devant le cœur et se dire « Je m'aime totalement, profondément, inconditionnellement. J'aime qui je suis. Je Suis. »

Enracinement, centrage, alignement - couché

116. Nouveau-né .... Accueil de la vie sur la Terre

Rassemble l'énergie

Sentiment de sécurité intérieure

1. Agenouillé, corps replié sur les jambes, tête déposée par terre et tournée vers la gauche ou la droite (orientation au confort), bras allongés vers l'arrière, paumes des mains tournées vers le ciel, yeux fermés.
2. Respirer calmement dans cette position pendant 3-8 minutes.

117. Ouverture à la vie sur terre .... Accueil de la vie sur Terre

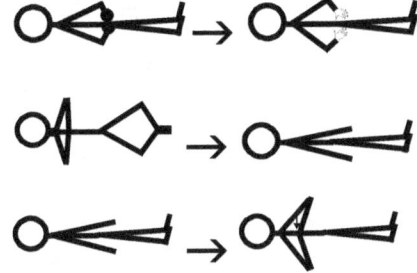

1. Fermer les poings au-dessus de la poitrine. Ouvrir les mains et refermer les poings successivement 12 fois.
2. Joindre les plantes des pieds face à face, déposer les mains en position de prière au-dessus de la gorge et respirer dans cette position pendant 1-3 minutes.
3. Étirer les jambes, les bras, le corps entier. Inspirer et revenir à la position de départ en expirant. Refaire 3 fois.
4. Étirer les jambes, les bras, le corps entier. Avec le bout des doigts, tapoter légèrement 10-50 fois au niveau du diaphragme, du coeur puis du thymus.

S'enraciner les deux pieds sur Terre

EXERCICES ENRACINEMENT, EFFET + CENTRAGE ET ALIGNEMENT

DESCRIPTION

118. Accueil de la vie sur Terre..............Accueil de la vie sur Terre

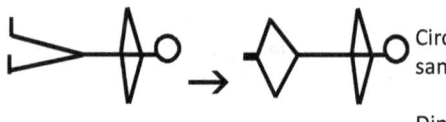

Circulation sanguine

Diminue la transpiration nerveuse

1. Poings fermés devant le cœur.
2. Ouvrir et fermer les poings 15 fois.
3. Mains en prière, joindre les plantes des pieds et respirer calmement.
4. Conserver les mains en prière et étirer le corps en conservant les pieds joints.
5. Refaire le cycle 10-30 fois.

119. Équerre..............Augmente l'énergie vers le cou et le cerveau

Régulation de la thyroïde

Aide à libérer certains maux de tête

1. Mains paumes vers la Terre.
2. Lever les jambes à 90°.
3. Déplacer les mains pour supporter les reins et le bas du dos, et amener les jambes vers la tête.
4. En continuant de supporter les reins et le bas du dos, ramener les jambes à 90° et maintenir jusqu'à 2 minutes.

120. Roulement d'unification..............Harmonie des hémisphères du cerveau

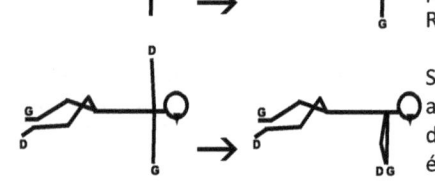

Unification des polarités
Respiration

Souplesse des articulations des hanches et épaules

Dégager les tensions accumulées dans le haut du corps

1. Allongé sur le dos, genoux pliés, bras ouverts horizontalement, mains paumes vers le ciel.
2. Croiser la jambe droite par-dessus la jambe gauche : inspire.
3. Continue le mouvement de torsion pour déposer le genou de la jambe droite par terre, sur le côté gauche du corps : expire.
4. Laisser la tête tourner vers la gauche : inspire, expire.
5. Amener la main droite vers la main gauche : inspire, expire.
6. Relier les mains ensemble.
7. Faire tous les mouvements lentement, en laissant le corps suivre le mouvement naturellement, sans forcer.
8. Revenir à la position de départ.
9. Refaire la séquence de l'autre côté.
10. Refaire 3-10 fois de chaque côté.

Chapitre 9 - Des exercices physiques

| **EXERCICES DE TAPOTEMENT** | **EFFET +** | **DESCRIPTION** |

Tapotement - debout

121. Tapotement du haut du corps............

Stimule la circulation sanguine et de l'énergie dans le corps et appréciation du corps

1. Avec les paumes des mains, tapoter la poitrine, les poumons, le cœur. Faire le son « a » pour libérer l'énergie stagnante.
2. En tapotant chacune de ces parties du corps, dire « J'aime ma poitrine, mes poumons, mon cœur. »

122. Tapotement du bas du corps..............

Stimule la circulation sanguine et de l'énergie dans le corps

Appréciation du corps

1. Avec les paumes des mains, tapoter le foie, l'estomac, le pancréas, la rate, les intestins, le bas du ventre, le dos, les reins.
2. En tapotant chacune de ces parties du corps, dire « J'aime mon foie, mon estomac, mon pancréas, ma rate, mes intestins, mes organes génitaux, mon dos, mes reins. »

123. Tapotement des épaules, aisselles,....
bras, mains, doigts

Stimule la circulation sanguine et de l'énergie dans le corps

Appréciation du corps

1. Avec les paumes de la main droite, tapoter l'épaule gauche, puis le bras gauche. Tapoter le dessous du bras de l'aisselle jusqu'au bout des doigts, et le dessus du bras, des doigts en remontant jusqu'à l'épaule. Refaire de l'autre côté.
2. En tapotant chacune de ces parties du corps, dire « J'aime mes épaules, mes bras, mes mains, mes doigts, mes aisselles »

124. Tapotement des hanches, fesses,.......
jambes, genoux, chevilles, pieds,
orteils

Stimule la circulation sanguine et de l'énergie dans le corps

Appréciation du corps

1. Avec les paumes des mains, tapoter les hanches, les fesses et descendre à l'arrière des jambes jusqu'aux pieds. Remonter sur le dessus des pieds et tapoter l'avant des jambes, des orteils jusqu'aux hanches.
2. Descendre à l'extérieur des jambes jusqu'aux chevilles et remonter à l'intérieur des jambes jusqu'au bassin.
3. En tapotant chacune de ces parties du corps, dire « J'aime mes hanches, mes fesses, mes jambes, mes genoux, mes chevilles, mes pieds, mes orteils. »

S'enraciner les deux pieds sur Terre

EXERCICES DE TAPOTEMENT	**EFFET +**	**DESCRIPTION**
125. Tapotement de la tête, du cou, de la peau du visage, des yeux, oreilles, nez, bouche 	Stimule la circulation sanguine et de l'énergie dans le corps Appréciation u corps	1. Avec le bout des doigts, tapoter le cou, la peau du visage, les yeux, les oreilles, le nez, la bouche et la tête. 2. En tapotant chacune de ces parties du corps, dire « J'aime mon cou, ma peau, mon visage, mes yeux, mes oreilles, mon nez, ma bouche, ma tête, mon cerveau » 3. Taper les mains ensemble 10 fois pour les réchauffer et les déposer sur les yeux pour les reposer. Ouvrir les yeux sous les mains et faire des rotations avec les yeux dans les deux directions. 4. Taper à nouveau les mains ensemble 10 fois et balayer délicatement le cou, le visage et chaque organe sensoriel, et dire « je suis beau/je suis belle, et je m'aime totalement, profondément, inconditionnellement. »
126. Tapotement plus profond avec les poings sur le haut du corps 	Stimule la circulation sanguine et de l'énergie dans le corps Aide à la libération de blocages plus profonds	1. Poings fermés avec les pouces à l'intérieur, yeux fermés. 2. Tapoter les régions du plexus solaire et le haut du corps (poitrine, poumons, cœur) avec les poings fermés. 3. S'il y a des points sensibles, faire le son « a » et continuer pour favoriser la décristallisation des énergies bloquées, en respectant le rythme et l'intensité de mouvement qui convient à chacun.
127. Tapotement plus profond avec les poings sur le bas du corps 	Stimule la circulation sanguine et de l'énergie dans le corps Aide à la libération de blocages plus profonds Appréciation de chaque partie du corps	1. Poings fermés avec les pouces à l'intérieur, yeux fermés. 2. Tapoter les régions du plexus solaire et le bas du corps (hara) avec les poings fermés. 3. S'il y a des points sensibles, inspirer « amour-lumière » et expirer « pardon » dans les zones douloureuses et continuer dans un état de douceur pour soi, pour favoriser la décristallisation des énergies bloquées, en respectant le rythme et l'intensité de mouvement qui convient à chacun. 4. Il arrive parfois de ressentir les organes vibrer avant une décristallisation.

Chapitre 9 - Des exercices physiques

EXERCICES DE TAPOTEMENT	EFFET +	DESCRIPTION
128. Balayage du corps entier 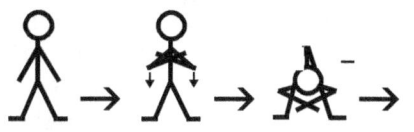	Aide à libérer l'énergie stagnante Équilibre l'énergie du corps Appréciation du corps	1. Taper les mains ensemble 10 fois pour les réchauffer. 2. Croiser les mains en les déposant sur les épaules du côté opposé. 3. Balayer le corps entier avec les mains, en descendant des épaules jusqu'aux pieds. 4. En balayant le corps, dire « J'aime mon corps, mon système osseux, mon système musculaire, mon système nerveux, mon système respiratoire, ma peau, mon système cardio-vasculaire, mon système lymphatique, mon système immunitaire, mon système digestif, mon système excrétoire, mon système urinaire, mon système génital. J'aime mon corps. Merci. »

Tapotement - assis

129. Tapotement des pieds 	Circulation de l'énergie aux extrémités Faire descendre l'énergie de feu du mental hyperactif vers le bas Équilibre l'énergie dans tout le corps Facilite le sommeil	1. S'appuyer les mains au sol derrière le dos. 2. Jambes allongées sur le sol 3. Coller les talons et taper les côtés des pieds et des gros orteils ensemble. 4. Respire calmement. 5. Refaire 100-150 fois (1-2 minutes). 6. Faire suivre par un moment de repos. *Note - Il peut arriver que l'exercice soit facile au début puis que tout à coup les mouvements deviennent désordonnés. Si cela se produit, continuer et un nouveau rythme va émerger après une petite réorganisation intérieure de la circulation de l'énergie dans le corps.*
130. Tapotement de la plante des pieds	Énergie du cœur Système circulatoire	1. S'appuyer les mains au sol derrière le dos. 2. Plier les genoux vers l'extérieur et joindre les plantes des pieds ensemble. 3. Taper les plantes des pieds une vers l'autre. 4. Refaire 30 fois.

S'enraciner les deux pieds sur Terre

EXERCICES DE TAPOTEMENT | EFFET + | DESCRIPTION

131. Tapotement du point de courage....... Circulation sanguine

Fonctions du cerveau

Attention

Concentration

1. Plier et croiser la jambe gauche par-dessus le genou droit.
2. Avec le poing de la main droite, pouce rentré à l'intérieur du poing, tapoter 100 fois le dessous de la plante du pied gauche et le point de courage (point de réflexologie associé au plexus solaire).
3. Ouvrir le poing lentement en étirant complètement les doigts un à un, de l'auriculaire jusqu'au pouce.
4. Refaire de l'autre côté.

EXERCICES DE VIBRATIONS | EFFET + | DESCRIPTION

132. Vibration - debout............................ Renforce la structure du corps, os, muscles et tendons.

Circulation sanguine vers les extrémités

Facilite l'élimination des toxines

Prévention de l'ostéoporose

1. Pieds écartés à la largeur des épaules, genoux légèrement pliés.
2. Faire vibrer tout le corps pendant 5-10 minutes.
3. Vibrer de façon souple et détendue, sans contrôler le mouvement.
4. Respirer.
5. Terminer par une période de repos.

133. Vibration - couché............................ Renforce la structure du corps, os, muscles et tendons.

Circulation sanguine vers les extrémités

Facilite l'élimination des toxines

1. Couché sur le dos, le bas du dos bien appuyé au sol.
2. Lever les jambes et les bras vers le ciel.
3. Faire vibrer les jambes et les bras pendant 5 minutes.
4. Vibrer de façon détendue, sans contrôler le mouvement.
5. Respirer.
6. Terminer par une période de repos.

Chapitre 9 – Des exercices physiques

EXERCICES DE RELAXATION ET VITALITÉ	**EFFET +**	**DESCRIPTION**
134. Pause mouvement	Activation des pompes cérébrospinales et circulation des fluides dans le cerveau et la colonne vertébrale Attention Concentration Apprentissage Libérer le stress Lâcher prise	1. Debout, les yeux fermés pour prendre conscience de son corps et l'apprivoiser avec douceur pendant les mouvements. 2. Au son d'une musique harmonieuse, faire bouger le coccyx et les bras indépendamment un de l'autre, en faisant des mouvements simples de rotation et de danse libre. 3. Respirer doucement. *Note – les yeux fermés permettent également de dissoudre une part de la gêne d'être vu par les autres, et dans certains cas l'utilisation de bandeaux pour les yeux peut faire partie du jeu.*
135. Chien heureux	Activation des pompes cérébrospinales et circulation des fluides dans le cerveau et la colonne vertébrale Attention Concentration Apprentissage Libérer le stress Lâcher prise	1. Ouvrir les pieds à la largeur des épaules, plier les genoux légèrement, incliner le haut du corps pour qu'il soit parallèle au sol, laisser les bras pendants vers le sol. 2. Remuer le coccyx comme un chien heureux qui agite la queue. 3. Laisser les épaules et le corps bouger librement avec le mouvement. 4. Respirer doucement en prenant conscience de son corps pour l'apprivoiser avec douceur.
136. Repos du mental	Lâcher-prise physique, émotionnel et mental Conscience du corps	1. Debout le corps droit, regard vers l'avant, genoux légèrement pliés, bras et mains totalement détendus sur les côtés du corps. 2. Amener l'attention dans le cœur et respirer avec douceur pour soi. 3. Rester dans cette position pendant 5-10 minutes. 4. Accueillir les vibrations du corps qui peuvent survenir lorsque la tension se libère.

S'enraciner les deux pieds sur Terre

| **EXERCICES DE RELAXATION ET VITALITÉ** | **EFFET +** | **DESCRIPTION** |

137. Balancier

Lâcher prise, libérer le stress et abandon du contrôle

Discernement de ce qui est retenu et ce qui est libéré

1. Debout, mains à la taille.
2. Balancer une jambe avant-arrière sans toucher le sol, avec le pied flex.
3. Refaire 20 fois de chaque côté.
4. Lever les bras, mains ouvertes et paumes orientées vers l'avant : inspire.
5. Laisser tomber les bras et les laisser se balancer naturellement : expire.
6. Refaire quelques fois jusqu'au ressenti d'un état d'équilibre satisfaisant.

138. Pont de vitalité

Lâcher prise

Ouverture à la vie

Recentrage de l'énergie vitale

1. Debout, bouche entre-ouverte.
2. Plier le corps vers l'avant, déposer les mains au sol et rester dans cette position pendant 1-2 minutes.
3. Accueillir la sensation de libération des rigidités et mécanismes de défensive.
4. Inspirer et expirer « Amour-lumière » pour nourrir l'énergie vitale.

139. Chat

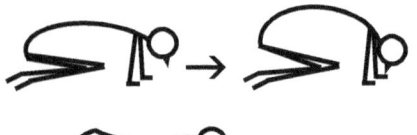

Mal de dos

Libération de la tension et du stress

1. À genoux, deux mains par terre.
2. Dos rond : inspire.
3. Dos creux : expire.
4. Mouvement de repos de chaque côté.
5. Refaire 5 fois.

140. Marmotte

Système respiratoire

Vertèbres thoraciques

Système nerveux

1. À genoux, les deux mains par terre.
2. S'asseoir sur les jambes et faire rebondir le bas du corps 10 fois.
3. Allonger le corps, appui sur les mains, relever la tête et le haut du corps : inspire.
4. Revenir à la position précédente : expire.
5. Refaire 3 fois.

141. Peigne

Libère la fatigue

Système immunitaire

1. Placer 4 doigts dans la paume de l'autre main.
2. Presser avec les 4 doigts et relâcher.
3. Peigner la paume de la main.
4. Refaire de chaque côté.

Chapitre 9 - Des exercices physiques

EXERCICES DE RELAXATION ET VITALITÉ	**EFFET +**	**DESCRIPTION**
142. Relâcher la pression............ 	Relâcher la pression Équilibre des pressions dans le corps Libère l'esprit	1. *Mains* - Sur le dessus de la main, masser le point entre l'index et le majeur, pendant 2-5 minutes. Conserver l'attention sur ce point et imaginer que l'énergie y circule avec fluidité, contribue à un état de détente et de relaxation. 2. Masser les mains et les doigts avec douceur pour soi. 3. *Pieds* - Sur la plante des pieds, masser le point de courage au centre du pied, pendant 2-5 minutes. Conserver l'attention sur ce point et imaginer que l'énergie y circule avec fluidité, contribue à un état de détente et de relaxation. 4. Masser les pieds et les orteils avec douceur pour soi. 5. *Corps entier* - S'asseoir sur une chaise, pieds au sol, dos droit, épaules et cou détendus, bras droits devant soi, paumes des mains orientées vers le sol, yeux fermés. 6. Respirer en imaginant l'énergie de vie qui circule harmonieusement dans tout le corps. Maintenir 10-20 minutes.
143. Libération des toxines............	Libère la fatigue et aide le corps à se libérer des toxines Alignement de l'énergie dans le corps	1. Pieds écartés à la largeur des épaules. 2. Bras pliés avec les mains devant le coeur, paumes vers la terre. 3. Plier les genoux en retournant les mains, paumes vers le ciel. 4. Ouvrir les bras à hauteur des épaules, avec les mains paumes vers l'extérieur.
144. Libération des toxines mentales....... 	Aide à libérer le stress et les toxines mentales Ramène l'attention dans l'instant présent	1. Avec les jointures des index, toucher et masser très légèrement les deux points proéminents sur le front (entre les sourcils et les cheveux). 2. Masser pendant quelques instants à la fois. *Note – cet exercice peut libérer les toxines accumulées dans cette région du corps. Si le massage est trop intense, de grandes quantités*

S'enraciner les deux pieds sur Terre

| **EXERCICES DE RELAXATION ET VITALITÉ** | **EFFET +** | **DESCRIPTION** |

Libération des toxines mentales.......
(suite)

de toxines peuvent être libérées rapidement et occasionner des malaises et maux de tête temporaires, pendant que le corps poursuit son processus de désintoxication. Faire cet exercice avec douceur envers soi. Boire beaucoup d'eau, se reposer et remercier le corps de lâcher prise sur ce qui ne lui convient plus.

145. Points d'énergie..................

Ouvrir les points d'énergie dans les mains et les pieds

Circulation de l'énergie dans le corps

1. Taper sous la plante des pieds avec la paume de la main. Refaire 100 fois de chaque côté.
2. Taper les mains ensemble à l'avant et à l'arrière. Refaire 100 fois.
3. Taper les mains ensemble en haut et en bas. Refaire 100 fois.

146. Train ou cercle de massage.................

Relaxation

Détente

Circulation de l'énergie pour donner et recevoir

1. Frotter les mains ensemble pour les réchauffer.
2. Déposer les mains sur les épaules de la personne devant toi.
3. Respirer calmement.
4. Fermer les poings (pouces à l'intérieur) et masser les épaules avec des petits tapotements.
5. Ouvrir les mains et masser les épaules avec les paumes ouvertes.
6. Avec le bout des doigts, masser sa tête, puis le lobe de ses oreilles du haut vers le bas, et en les étirant vers l'extérieur.
7. Avec le bout des doigts, gratter son dos de haut en bas.
8. Terminer par un balayage vers le sol.
9. Se retourner et refaire la série de massage.

EXERCICES DE RELAXATION ET VITALITÉ — EFFET + — DESCRIPTION

147. Libération de l'énergie stagnante

Faire circuler l'énergie de vie (chi) dans tout le corps

Libérer l'énergie stagnante

1. Ouvrir les pieds à la largeur des épaules, fermer les yeux. Lever les mains devant soi à la hauteur des épaules, paumes orientées vers l'avant.
2. En inspirant, laisser l'énergie circuler dans le corps entier, de la tête aux pieds.
3. En expirant, imaginer que les pores de la peau s'ouvrent et laissent sortir l'énergie stagnante.
4. Maintenir cette position 5-20 minutes.

148. Festival de danse du visage

Libérer le stress et les tensions du visage

Bienfaits du rire

1. Taper les mains ensemble 10 fois pour les réchauffer.
2. Balayer le visage et le corps avec les mains pleines de chaleur et d'énergie.
3. Faire danser le visage pendant 2 minutes (ressemble à une série de grimaces).
4. Rire pendant 1 minute.

149. Affirmation positive

Affirmation positive pour l'Amour, la Paix et la Joie intérieure

1. Mains sur le bas du ventre, dire « Je suis la Paix ».
2. Mains sur le cœur, dire « Je suis Amour ».
3. Mains sur la tête, dire « Je suis la Joie ».
4. Sauter de joie et rire !
5. Répéter le cycle 3 fois.

150. Détente

Détente

Repos

Régénération

1. Couché sur le dos, mains ouvertes paumes vers le ciel, yeux fermés.
2. Respirer calmement.
3. Détente : Tête relaxes... cerveau relaxes... tempes relaxes... visage relaxes... yeux relaxes... nez relaxes... oreilles relaxes... bouche relaxes... menton relaxes... cou relaxes... épaules relaxes... bras relaxes... coudes relaxes... mains relaxes... doigts relaxes... poitrine relaxes... ventre relaxes... dos relaxes... hanches relaxes... jambes relaxes... genoux relaxes... chevilles relaxes... pieds relaxes... orteils relaxes...

S'enraciner les deux pieds sur Terre

EFFET POSITIF *pour...*   **EXERCICES** *numéros...*

Système nerveux et cerveau
    Système nerveux global, SNA.................5, 45, 76, 77, 79, 102, 140

Système respiratoire
    Poitrine-poumons....................................37, 47, 49, 52, 53, 76, 90, 91, 101, 102, 113, 121, 126, 140
    Respiration..1, 3, 4, 7, 11, 18, 24, 26, 30, 35, 56, 75, 91, 101, 105

Système cardio-vasculaire
    Coeur..11, 31, 49, 50, 76, 113, 114, 130
    Circulation sanguine...............................3, 4, 5, 7, 8, 31, 36, 45, 51, 53, 56, 77, 79, 118, 121, 122, 123, 124, 155, 126, 127, 128, 129, 130, 131, 132, 133

Système osseux et articulations
    Structure, force de la structure.............. 132, 133
    Tête, cou.. 2, 17, 25, 54, 119, 125
    Épaules... 2, 3, 4, 5, 9, 10, 19, 28, 36, 42, 47, 51, 60, 73, 101, 102, 120, 123
    Bras, mains, doigts.................................. 6, 7, 8, 9, 18, 49, 51, 101, 102, 123, 145
    Bassin, hanches....................................... 14, 20, 62, 120, 124
    Jambes...14, 21, 29, 124
    Genoux... 15, 21, 43, 124
    Pieds, chevilles, orteils............................ 16, 21, 124, 145
    Colonne vertébrale, moelle épinière....56, 76, 78, 90, 101, 113, 134, 140
    Pelvis..61, 65, 67

Système musculaire, tendons, ligaments
    Souplesse, force......................................2, 7, 8, 12, 13, 14, 15, 16, 17, 21, 25, 107, 132, 133
    Taille..13, 62, 67
    Dos... 51, 58, 61, 64, 65, 66, 67, 68, 139
    Périnée (muscles près du)...................... 75

Système digestif
    Digestion complète.................................64, 66, 69, 74, 122
    Estomac... 63, 72, 74, 122
    Foie...37, 64, 66, 69, 72, 122
    Vésicule biliaire.......................................31, 122
    Pancréas-rate..38, 41, 59
    Intestins...46, 49, 53, 62, 74, 12

Système urinaire
    Reins.. 29, 44, 59
    Vessie... 34, 38, 44, 72

Chapitre 9 – Des exercices physiques

EFFET POSITIF *pour...*	**EXERCICES** *numéros...*
Système excrétoire	
Évacuation, anus	46, 49, 53, 77, 137
Système immunitaire et lymphatique	
Libération des toxines, immunité	26, 132, 133, 141, 143, 144
Système reproducteur	
Énergie du système reproducteur	72, 132, 133
Système sensoriel	
Yeux, oreilles, peau, nez, bouche	48, 85, 111, 12, 125
Système hormonal et endocrinien	
Thyroïde	31, 33, 40, 60, 119
Équilibre hormonal	32, 38, 41, 53, 59, 70
Système énergétique et vitalité	
Énergie vitale	34, 46, 78, 127, 138
Circulation de l'énergie dans le corps	20, 27, 30, 49, 51, 55, 60, 62, 63, 71, 74, 79, 83, 84, 98, 121, 122, 123, 124, 155, 126, 127, 128, 129, 143, 145, 146, 147
Rassembler l'énergie, regain d'énergie	27, 71, 77, 115, 116
Équilibre de vie	
Conscience et appréciation du corps	1, 92, 121, 122, 123, 124, 155, 126, 127, 128, 136
Amour et expression de soi, sécurité intérieure, puissance personnelle	6, 22, 23, 24, 89, 109, 110, 116, 117, 148, 149, 150
Accueil de la vie sur Terre, base solide	33, 34, 37, 40, 46, 78, 116, 117, 118, 132, 133, 138
Enracinement	80, 81, 82, 85, 86, 87, 90, 93, 94, 95, 99, 100, 103, 107, 108, 109, 110
Centrage	6, 11, 31, 80, 81, 82, 83, 84, 85, 86, 87, 88, 89, 93, 94, 95, 99, 100, 103, 107, 108, 109, 110, 115
Alignement, connexion ciel-Terre	85, 80, 81, 82, 83, 84, 86, 87, 88, 89, 94, 95, 96, 97, 98, 99, 100, 103, 107, 108, 109, 110
Cerveau, cohérence cardiaque, unité	10, 19, 21, 85, 104, 106, 109, 114, 115, 120, 131, 134, 135
Concentration, attention, apprentissage	24, 92, 93, 94, 99, 100, 107, 108, 111, 112, 131, 134, 135, 144
Équilibre	43, 74, 85, 87, 88, 106, 113, 142
Lâcher prise	21, 103, 134, 135, 137, 138
Repos, régénération, calme mental	48, 74, 75, 85, 106, 115, 119, 129, 135, 142, 146, 148, 149
Libération de la fatigue	39, 75, 97, 141, 143
Libération du stress, des tensions	2, 12, 27, 52, 54, 73, 92, 98, 120, 134, 135, 137, 139, 142, 144, 148, 150
Libération de l'énergie stagnante	55, 74, 79, 91, 101, 102, 119, 126, 127, 147

Chapitre 10

Créer le monde dans lequel je veux vivre, en étant bien enraciné, centré et aligné

Noah se mit à rire aux éclats. C'était sa façon d'exprimer l'immense joie qu'il ressentait. Il se sentait bien dans son corps. Il se sentait heureux, léger et en paix. Il riait de tout son être et chacune de ses cellules vibrait à ce rire communicatif.

Marie-Douce le regardait en souriant, puis soudainement, elle se mit elle aussi à rire aux éclats. Elle ressentait des petits frétillements voyager partout dans son corps, laissant derrière eux une vague de détente et de calme bienfaisant.

- Quel bonheur! dit Noah. Je me sens revigoré et prêt à réaliser mes rêves. Quand je me sens bien, je ressens un élan intérieur pour accomplir de belles choses. Parfois ce sont de toutes petites actions et parfois c'est pour créer ou collaborer à de plus grands projets.

Mon ami le grand chêne m'a offert une belle image l'autre jour quand je me suis endormi à ses pieds. Dans un rêve, il m'a montré une affiche sur laquelle il y avait toutes les étapes qui participaient à sa réalisation en tant que chêne, à partir de la création d'un gland, tombé à l'automne, mis en terre par son ami l'écureuil, puis qui a germé progressivement jusqu'à devenir le merveilleux chêne qu'il est aujourd'hui.

Ensuite, il m'a montré une affiche sur laquelle il y avait le titre «Je me réalise en offrant la plus belle version de moi-même au service de la vie.» Il disait que cela me permettait d'honorer le sacré en moi, en étant qui je suis, et en le rayonnant de la plus belle façon qui m'est possible et accessible en ce moment.

En faisant doucement danser ses feuilles, il avait ajouté: aujourd'hui quand tu me regardes, tu vois un grand chêne sage, mais au début j'étais un gland, puis ma coquille s'est ouverte permettant à l'eau et aux éléments nutritifs de la Terre de me nourrir pendant que tout doucement je déployais mes premières racines dans le sol. Ensuite j'ai osé pointer le bout du nez dehors et la brindille que j'étais à ce moment-là a pu respirer au grand air et recevoir la chaleur et l'énergie des rayons du soleil. Tout doucement, j'ai grandi, grandi, grandi, en développant de nouvelles branches, feuilles et racines, en apprenant à découvrir le rythme de la vie et le merveilleux de chaque saison. Quand j'ai acquis de la maturité, j'ai offert à mon tour d'autres glands à la Terre, permettant au potentiel sacré des chênes de continuer à s'épanouir.

Même si le gland ou la brindille que j'étais contenaient tout le potentiel nécessaire pour devenir le grand chêne que je suis aujourd'hui, cela s'est réalisé parce que j'ai appris à grandir en Être debout et que j'ai développé la plus belle version de moi-même tout au long de ma vie. Mes branches ne sont pas parfaitement symétriques, et parfois elles sont droites, courbées ou un peu tordues. Mon écorce craque ici et là et mes racines premières viennent parfois respirer un peu d'air frais en sortant du sol. Et pourtant, je suis un merveilleux chêne. Je me réalise en offrant à chaque jour la plus belle version de moi-même qui m'est possible et accessible. Ma présence dans cette forêt comme un pont entre le ciel et la Terre, comme un refuge pour plusieurs oiseaux et petits animaux, ou comme un ami lors de nos conversations, sont autant d'opportunités qui me permettent d'être qui je suis et de le rayonner au service de la vie.

Alors fais-toi confiance. Tu as un potentiel immense à l'intérieur de toi. Il

Chapitre 10 - Créer le monde dans lequel je veux vivre en étant bien enraciné, centré et aligné

est inscrit dans ton coeur, dans ton âme, dans tout ce que tu es, dans la vie qui coule en toi. Si tu prends conscience de ce qui fait rayonner ton coeur de joie, ce qui te fait rire aux éclats de bonheur, ce qui te permet de te sentir bien, d'être souriant et en paix dans tout ton être, tu vas avancer sereinement sur ton chemin de réalisation personnelle. En étant bien enraciné les deux pieds sur Terre, centré dans coeur et aligné dans cette direction, tu pourras t'amuser à découvrir, développer et utiliser tes dons, forces, talents et tout ton potentiel au service de la vie, au service de ce qui te heureux et de ce qui te permet d'avoir une contribution positive et bienveillante sur la Terre.

Puis le grand chêne avait de nouveau fait danser ses feuilles en douceur, pour envelopper Noah d'une bouffée d'encouragement, de confiance et de reconnaissance.

Noah se retourna en silence, encore ému de cette conversation qu'il avait eue avec son ami le grand chêne et dont il venait de partager l'enseignement de sagesse avec Marie-Douce. Il fit quelques pas vers le grand chêne et l'enveloppa à bras ouverts pour lui faire un gros câlin. Le grand chêne fit à nouveau danser ses feuilles, pour lui signaler qu'il était bien présent, comme il l'avait fait dans son rêve.

Marie-Douce respirait doucement, le coeur rempli de gratitude.

Au bout d'un moment, Noah vint se rasseoir à côté d'elle.

- Est-ce que tu aimerais que je te partage les deux exercices que le grand chêne et son ami Gabriel m'ont proposés pour aligner mon attention vers une contribution positive et bienveillante sur la Terre?

- Oui bien sûr Noah. Je t'écoute.

Noah reprit son cahier et tourna la page.

Co-créer la Terre nouvelle
Cette visualisation permet d'utiliser la puissance de ton imagination pour co-créer le monde de paix dans lequel tu souhaites vivre.

Préparation
- Prends le temps de t'enraciner les deux pieds sur Terre, te centrer dans ton coeur et de de t'aligner.
- Pour t'aider, tu peux utiliser:
    - l'exercice d'alignement des trois soleils,
    - la méditation-visualisation de l'arbre
    - la méditation d'harmonisation avec les arbres
    - les respirations qui favorisent l'enracinement, le centrage, l'alignement
    - la cohérence cardiaque
    - les affirmations d'enracinement, centrage et alignement.
    - les affirmations de reconnaissance, estime et confiance en soi
    - l'exercice d'éveil de la vie
    - les huiles essentielles
    - les exercices physiques

En position assise ou couchée
- Prends trois grandes respirations en inspirant par le nez et en expirant par la bouche
- Amène ton attention au niveau de ton cœur
- Ferme les yeux et continue de respirer calmement

- En gardant l'attention centrée dans ton coeur, imagine la planète Terre
- Imagine la nature et toutes les espèces qui vivent en harmonie sur la Terre
- Imagine que la paix, l'amour inconditionnel, la joie, sont de plus en plus présents sur la Terre

- Imagine les êtres humains qui sont en harmonie à l'intérieur d'eux-mêmes...
- Imagine que les êtres humaines sont bien enracinés, centrés dans leur coeur... alignés avec le coeur d'amour-lumière de la mère Terre... et du père Ciel.
- Imagine les êtres humains qui rayonnent un nouvel état d'harmonie, entre eux et avec la vie
- Imagine que toutes les relations humaines sont enveloppées de bienveillance et de douceur

Chapitre 10 – Créer le monde dans lequel je veux vivre en étant bien enraciné, centré et aligné

- Imagine la vie sur Terre dans une santé resplendissante
- Imagine que la Terre devient un paradis terrestre

- Accueille les nouvelles idées, inspirations, intuitions qui émanent du paradis terrestre
- Imagine, écoute, ressent, sent, goûte et accueille cette nouvelle énergie
- Observe l'énergie des couleurs, des sons, de la vie sur cette Terre nouvelle
- Observe le nouvel état d'harmonie, de légèreté, de joie qui enveloppe la Terre nouvelle

- Prends le temps de ressentir la paix profonde qui s'installe de plus en plus dans ton corps et toutes tes cellules
- Respire cet état de paix avec beaucoup de douceur
- Observe les cellules de ton corps qui deviennent de plus en plus souriantes
- Observe ton corps qui devient de plus en plus rayonnant de lumière tout en étant bien enraciné les deux pieds sur Terre et centré dans ton coeur
- Prends conscience de la puissance d'amour que tu es et de ton potentiel de co-création sur cette Terre nouvelle

- Prends le temps de remercier que cette nouvelle réalité soit déjà accomplie
- Tout doucement, prends une grande respiration... inspire... expire...
- Tout doucement, tu peux ouvrir les yeux, ici et maintenant, rempli de sérénité et d'un état de joie toute simple
- Merci d'être qui tu es
- Merci de contribuer à la co-création d'un monde meilleur simplement, facilement et en douceur.

Rayonner l'énergie de la vie

Cette visualisation te permet d'accueillir l'énergie de la vie pour te nourrir, libérer la fatigue et le stress, et accompagner ton chemin de guérison si tu ressens de la douleur et un état de disharmonie. Elle te permet ensuite de rayonner l'énergie de la vie autour de toi, pour la mère Terre et pour l'humanité.

Préparation
- Prends le temps de t'enraciner les deux pieds sur Terre, te centrer dans ton coeur et de de t'aligner.
- Pour t'aider, tu peux utiliser:
  - l'exercice d'alignement des trois soleils,

S'enraciner les deux pieds sur Terre

- la méditation-visualisation de l'arbre
- la méditation d'harmonisation avec les arbres
- les respirations qui favorisent l'enracinement, le centrage, l'alignement
- la cohérence cardiaque
- les affirmations d'enracinement, centrage et alignement.
- les affirmations de reconnaissance, estime et confiance en soi
- l'exercice d'éveil de la vie
- les huiles essentielles
- les exercices physiques

En position assise
- Prends trois grandes respirations en inspirant par le nez et en expirant par la bouche
- Amène ton attention au niveau de ton cœur.
- Ferme les yeux et continue de respirer calmement.
- En gardant l'attention centrée dans ton coeur, relaxe ton cou et tes épaules.
- Redresse ton dos pour que ta colonne vertébrale soit bien droite, tout en étant détendu et confortable.
- Dépose tes mains sur tes genoux, paumes ouvertes vers le ciel
- Respire doucement... inspire... expire...

- Pendant que tu es bien aligné avec le soleil qui brille dans le coeur de la mère Terre et le soleil qui brille au centre du père Ciel, imagine ton corps enveloppé de lumière blanche étincelante... tu sens graduellement que ta tête devient plus légère, ta poitrine s'ouvre et se réchauffe, le bas de ton corps se réchauffe et se rempli d'énergie

- Si tu ressens de la fatigue, du stress, de la douleur dans une partie de ton corps, laisse cette lumière visiter cette région souffrante... laisse la lumière la bercer... la remplir d'amour... de paix... de douceur... de compassion... de pardon... de guérison...

- Laisse cette lumière entrer dans tes pensées... elles s'apaisent... elles deviennent claires et pures
- Laisse cette lumière envelopper tes émotions, tes sentiments... ils s'apaisent... ils s'harmonisent et deviennent plus légers
- Laisse cette lumière entrer dans ton coeur... tout devient calme, détendu et serein... tu te déposes doucement en toi-même... tu ressens la présence de ton maître intérieur, de ton grand sage intérieur

Chapitre 10 – Créer le monde dans lequel je veux vivre en étant bien enraciné, centré et aligné

- Laisse cette lumière envelopper ta vie en entier... tout s'apaise... une force sage et puissante t'accompagne... tu te redresses en Être debout... tu ressens la certitude que tu peux te faire confiance et utiliser ce que tu es pour contribuer à un monde meilleur, dans le respect des lois de l'univers

- Laisse une boule de lumière blanche étincelante s'installer doucement dans tes mains... laisse la grandir dans tes mains jusqu'à une dimension confortable et agréable pour toi
- Ressens son énergie vibrer avec douceur et puissance dans tes mains

- Imagine maintenant la planète Terre au centre de cette boule de lumière... avec les végétaux... les animaux... les minéraux... l'humanité... et tout ce qui vit sur la Terre...

- Laisse la lumière envelopper la Terre... laisse-la visiter ses régions souffrantes... les remplir d'amour... de paix... de douceur... de compassion... de pardon... de guérison...
- Laisse la lumière bercer la Terre... l'envelopper de joie... de légèreté... de sourires... de santé...

- Laisse la lumière bercer tous les Êtres qui y vivent... laisse-la visiter les régions souffrantes de l'humanité... les remplir d'amour... de paix... de douceur... de compassion... de pardon... de guérison...
- Laisse la lumière bercer l'humanité... l'envelopper de joie... de légèreté... de sourires... de santé...

- Laisse la lumière bercer tous les végétaux... les animaux... les minéraux... laisse-la visiter leurs régions souffrantes... les remplir d'amour... de paix... de douceur... de compassion... de pardon... de guérison...
- Laisse la lumière bercer les végétaux... les animaux... les minéraux... les envelopper de joie... de légèreté... de sourires... de santé...

- Laisse maintenant la lumière dissiper les voiles... et révéler le sacré de la vie présente partout... la lumière peut rayonner de la Terre... des végétaux... des animaux... des minéraux... de l'humanité... et s'amplifier à l'infini...
- Laisse cette lumière se remplir de gratitude... celle qui émerge de la Terre... des végétaux... des animaux... des minéraux... de l'humanité...

- Doucement, prends le temps de dire merci à cette belle lumière et tout

doucement, reviens ici et maintenant... ramène tes mains ensemble et dépose-les sur ton coeur, avec amour pour toi, en souriant... ouvre les yeux... prends une grande respiration... bouge tes jambes, tes bras, tes épaules, ton cou, ta tête, ton corps entier...
- Merci d'être qui tu es
- Tu es un Être merveilleux et tu peux t'aimer totalement, profondément, inconditionnellement

Noah resta silencieux pendant que Marie-Douce ramenait son attention ici et maintenant. Elle s'étirait en bâillant, en bougeant son corps avec un énorme sourire au visage.

- Wow! Je me sens tellement bien et remplie de gratitude. Merci Noah.
- Merci Marie-Douce. Merci pour ce cadeau que t'es offert à toi-même et que tu as offert à la mère Terre et tout ce qui y vit.

Il laissa un autre moment de silence.

- Les nouvelles réalités se construisent à partir du coeur. Ensuite elles se matérialisent, se manifestent et se construisent à l'extérieur, un pas à la fois. Lorsque tu gardes ton attention et la puissance de ton intention bien centrées sur tes rêves du coeur, l'univers entier collabore à ton succès.

- Si je comprends bien Noah, quand je créer une nouvelle réalité à partir de mon coeur, je contribue à la réalisation de mes rêves du coeur et à la plus belle version possible et accessible de moi-même au service de la vie.

- Bravo Marie-Douce ! C'est très bien résumé !

Une petite brise toute douce vint leur caresser le visage. Un groupe d'oiseaux prit son envol en s'élevant au-dessus du grand chêne et en mettant le cap vers le chemin du retour. Un rayon de soleil doux et réconfortant leur insuffla le courage de dire maintenant au revoir au grand chêne et reprendre leur chemin vers la maison.

D'un geste de la main, Noah invita Marie-Douce à ramasser ensemble ce qu'ils avaient amené et les remettre dans leurs sacs à dos. Il referma son petit cahier jaune soleil bordé d'une ligne dorée, et dans un mouvement empreint de délicatesse et de gratitude, il le remit dans son sac.

Chapitre 10 - Créer le monde dans lequel je veux vivre en étant bien enraciné, centré et aligné

Marie-Douce l'invita à venir au bord du grand chêne pour lui faire un énorme câlin débordant d'amour, de «merci» et de rires. Ils étaient comblés et enchantés de cette merveilleuse journée. Le grand chêne leur répondit en faisant vibrer ses feuilles, en célébrant à sa façon le bonheur partagé.

Noah et Marie-Douce lui firent une révérence en guise de salutation amicale. Puis ils reprirent le petit sentier discret bordé de grands pins et sapins verts, pour redescendre jusqu'à la halte où ils avaient laissé leurs vélos, au bas de la colline de la Paix.

Pendant que le soleil déclinait doucement vers l'horizon, Noah et Marie-Douce pédalaient allègrement pour rentrer à la maison. En tournant le coin de la rue où habitait Marie-Douce, Pouf, son chien Saint-Bernard, se mit à japper joyeusement. Noah se mit à rire. Marie-Douce rentra dans l'allée conduisant à la maison pendant que Pouf, tout excité, tournait autour d'elle et sautait de joie.

Noah s'immobilisa quelques instants, le temps d'être témoin de cet accueil dynamique et chaleureux pour Marie-Douce. Au son de ces jappements joyeux, Noah lui fit à son tour un câlin amical, puis il reprit son vélo pour continuer la route jusque chez lui. En lui disant au revoir d'un geste de la main, il se retourna en disant: «Merci d'être qui tu es. Tu es un Être merveilleux !»

Puis il sortit de l'allée et tout en pédalant pour rentrer chez lui, il se mit à répéter les affirmations positives que Marie-Douce lui avait proposées, celles qu'elle avait reçues sur la carte postale envoyée par sa tante Gabrielle.

Je m'aime totalement, profondément, inconditionnellement!
Ma valeur vient de qui Je Suis.
J'ai confiance en moi.
Je respire calmement.
Je choisis d'être libre et en paix.
Je suis fidèle à moi-même et à mes valeurs, et j'affirme qui Je Suis.
Je m'enracine les deux pieds sur Terre.
Je me centre dans mon cœur et j'amplifie l'Amour-lumière à l'infini
Je suis en santé dans tous les plans maintenant.
J'ai des pensées, paroles et actions positives et bienveillantes envers moi-même, les autres et la vie.
J'ai confiance en la vie.
Je Suis!   Merci ! »

Des outils pour...
S'enraciner les deux pieds sur Terre
Se centrer dans le coeur
S'aligner avec Soi, la mère-Terre et le père-Ciel

| Amour | Conscience | Boire de l'eau | Pensée positive | Pureté de coeur | Gratitude | Paix |

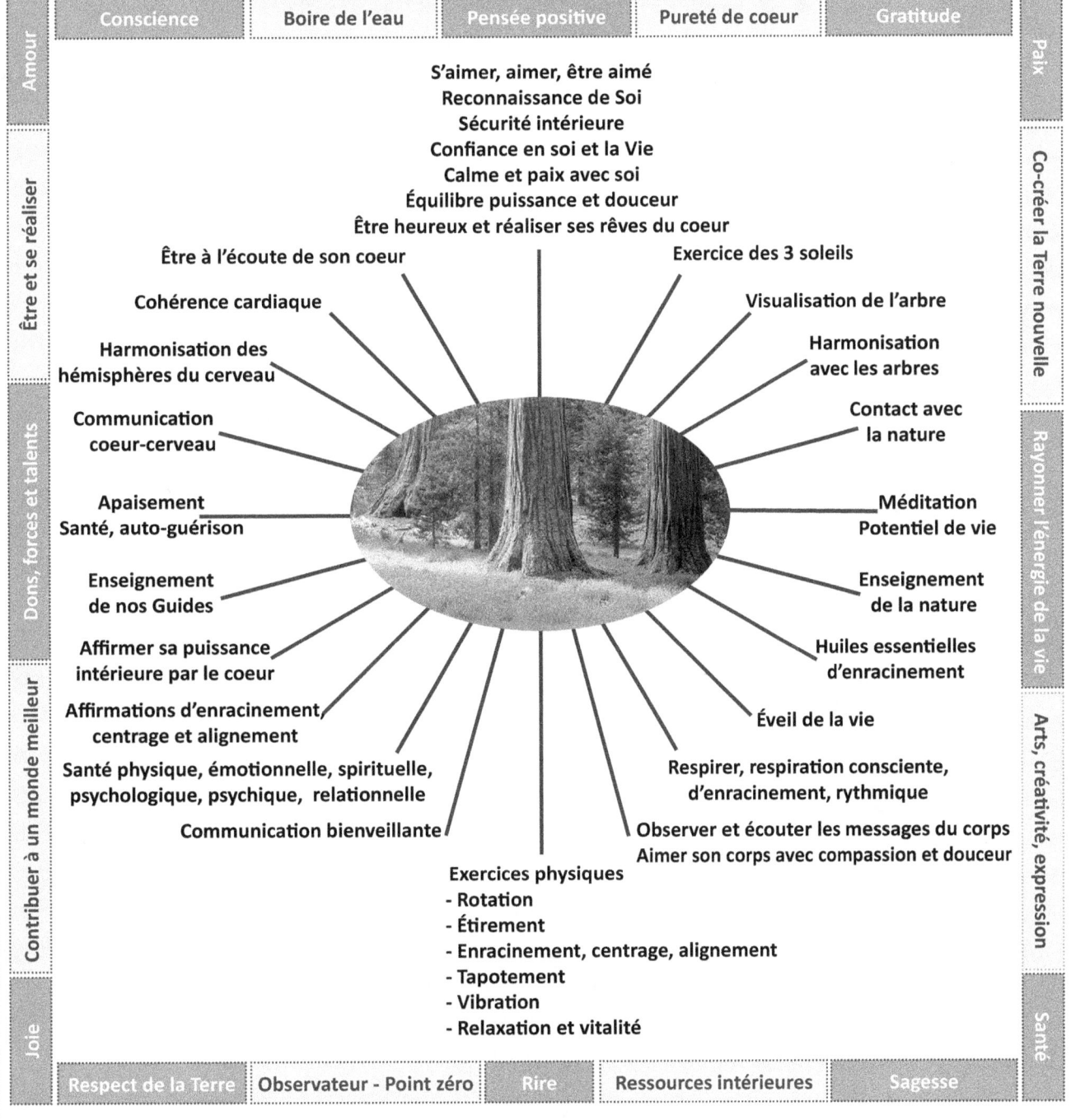

S'aimer, aimer, être aimé
Reconnaissance de Soi
Sécurité intérieure
Confiance en soi et la Vie
Calme et paix avec soi
Équilibre puissance et douceur
Être heureux et réaliser ses rêves du coeur

- Être à l'écoute de son coeur
- Cohérence cardiaque
- Harmonisation des hémisphères du cerveau
- Communication coeur-cerveau
- Apaisement
- Santé, auto-guérison
- Enseignement de nos Guides
- Affirmer sa puissance intérieure par le coeur
- Affirmations d'enracinement, centrage et alignement
- Santé physique, émotionnelle, spirituelle, psychologique, psychique, relationnelle
- Communication bienveillante

- Exercice des 3 soleils
- Visualisation de l'arbre
- Harmonisation avec les arbres
- Contact avec la nature
- Méditation
- Potentiel de vie
- Enseignement de la nature
- Huiles essentielles d'enracinement
- Éveil de la vie
- Respirer, respiration consciente, d'enracinement, rythmique
- Observer et écouter les messages du corps
- Aimer son corps avec compassion et douceur

Exercices physiques
- Rotation
- Étirement
- Enracinement, centrage, alignement
- Tapotement
- Vibration
- Relaxation et vitalité

Côté gauche : Être et se réaliser · Dons, forces et talents · Contribuer à un monde meilleur · Joie
Côté droit : Co-créer la Terre nouvelle · Rayonner l'énergie de la vie · Arts, créativité, expression · Santé

| Respect de la Terre | Observateur - Point zéro | Rire | Ressources intérieures | Sagesse |

Depuis longtemps, je rêve que les enfants...

Depuis longtemps, je rêve...
que les enfants puissent être ce qu'ils sont
qu'ils puissent vivre et être heureux, en paix et en santé
qu'ils puissent utiliser ce qu'ils sont pour contribuer à un monde meilleur

Depuis longtemps, je rêve...
que les enfants puissent s'enraciner les deux pieds sur Terre
qu'ils puissent se centrer dans leur coeur et s'aligner avec leur véritable identité spirituelle
qu'ils puissent s'incarner et habiter leur corps en toute sécurité

Depuis longtemps, je rêve...
que les enfants puissent reconnaître avec sagesse leur puissance de cocréation illimitée
qu'ils puissent réaliser leurs projets et passions du coeur
qu'ils puissent rayonner l'Amour, la Paix, la Joie, la Gratitude, etc. dans tout leur Être et à l'infini

Depuis longtemps je rêve...
que les enfants puissent découvrir et développer leurs dons, forces et talents
qu'ils puissent créer dans le respect des lois de l'univers
qu'ils puissent apprendre à vivre et à vivre ensemble

Depuis longtemps, je rêve...
que les enfants puissent apprendre et explorer la vie avec l'intelligence du coeur
que l'accueil sur la Terre, l'accompagnement et l'éducation puissent les aider dans ce chemin
qu'ils puissent croire en eux et avancer en Être debout

Depuis longtemps je rêve...
que les enfants puissent s'aimer totalement, profondément, inconditionnellement
qu'ils puissent avoir des pensées, paroles, actions et énergies positives et bienveillantes
qu'ils puissent vivre des relations humaines saines et animées par le langage du cœur

Depuis longtemps, je rêve...
que les enfants puissent avoir accès à des outils de cheminement personnel mis à leur portée
qu'ils puissent vivre ce pour quoi ils se sont incarnés
qu'ils puissent être ce qu'ils sont...

C'est le temps maintenant.
Pour les enfants, adolescents, jeunes adultes, adultes
Pour les indigo, arc-en-ciel, cristal
Pour ceux qui ouvrent leur coeur et leur conscience à la création d'un monde meilleur

Lucie Marcotte

Références

Méditations, visualisations et affirmations
- Cassettes de méditations et visualisations - Henriette Doré-Mainville et Lucie Marcotte, 1997
- Brain respiration – Ilchi Lee, Éditions Healing Society Inc, 2002
- Enseignements traditionnels de la sagesse amérindienne
- Cours de djembé - Louis Bellemare, Montréal, 1999
- Formations «Earth-Sky» et «Vivre dans le coeur» - Drunvalo Melchisedech, Québec, 2003-2004
- Formation de kinésiologie - Quintessence Santé, 2010

Cohérence cardiaque
- L'intelligence intuitive du coeur - Doc Childre et Howard Martin, Institut Heartmath, Éditions Ariane, 2005
- The appreciative heart: the psychophysiology of positive emotions and optimal functioning – Rollin McCraty et Doc Childre, 2003
- The energetic heart: bioelectromagnetic interactions with and between people – Rollin McCraty, IMH, 2003
- Heart-brain neurodynamics: the making of emotions – Rollin McCraty, 2003
- The inside srory: understanding the power of feelings – IHM, 2002
- Molecules of emotions - Candice B. Pert, Éditions Scribner, 1997
- www.heartmath.org

Huiles essentielles
- 10 huiles essentielles pour soulager plus de 50 malaises courants - Diane Leblanc n.d., Édition Lumin-Essence, 2006
- Amorathérapie spirituelle – Patricia davis, Édition de Mortagne, 1996
- Arôme énergie – Jacques Staehle, Édition Énergie du Nouvel-Âge, 1992
- www.aliksir.com
- www.wikipedia.org
- www.union-nature.com
- www.myrtea.com
- www.capcc.ca
- www.aroma-essentiel.fr
- www.sebio.be
- www.puressentiel.com
- www.youngliving.com
- www.sainte-liberte.fr
- www.universalis.fr
- http://aroma.over-blog.fr

Exercices physiques et d'éveil de la vie
- Exercices de yoga, chigong, danhmudo - Centre de yoga Dahn, Laval, 2005-6
- Exercices de hatha yoga traditionnels
- Exercices de Chi Gong - cours par Danièle Laferrière, Montréal, 1992
- BrainGym™ - Paul et Gail Dennison, Éditions Le Souffle d'Or, 1992
- Mouvements d'éveil corporel - Marie-Lise Labonté, Éd.de l'Homme, 2001
- Guide de la méthode Pilates - Louise Thorley, Édition Parragon, 2002
- Exercices de conditionnement physique (gymnastique scolaire)
- Exercices reliés aux structures de personnalité - Quintessence Santé, 2010
- L'alchimiste - Paulo Coelho, Éditions, Édition J'ai Lu, 2007
- www.dahnyoga.com
- www.lifeparticle.com

Références

www.ingramcontent.com/pod-product-compliance
Lightning Source LLC
Chambersburg PA
CBHW080451170426
43196CB00016B/2762